Bismillah

1441 AH

(August 2019 - August 2020)

Papatia Feauxzar

DJARABI KITABS PUBLISHING

1441 AH © 2019

This planner belongs to:

_____

"When you do things from your soul, you feel a river moving in you, a joy." — Rumi

«Ils t´interrogent sur les nouvelles lunes - Dis: "Elles servent aux gens pour compter le temps, et aussi pour le Hajj [pèlerinage]... » (Coran 2/189)

For information contact:
Djarabi Kitabs Publishing
P.O. BOX 703733
Dallas, TX 75370
USA
www.djarabikitabs.com

Cover design by Sam Rog
Original Template by R.A. Ignacio
Interior Design by Papatia Feauxzar
Blessings to all the sources used.

ISBN-13: 978-1-947148-23-9
ISBN-10: 1-947148-23-0

First Print Edition: January 2019

10 9 8 7 6 5 4 3 2 1

Happy Muslim Year 1441!

For as long as I can remember, I have been trying to fully reclaim the *hijri* calendar in my daily life and in my writings. Every day, I take small steps toward that goal. I hope that with this calendar, you're also able to reclaim your Muslim identity, time frame, memorize and reflect on the names of Allah as well *insha'Allah*.

Below is a *dua* to read three times on the first day of Muharram or at least within the first three days of the New Muslim Year.

- *Bismillahi ar-rahmaani ar-rahiim. Alhamdullilahi rabbil 'aalameen. Waassalaatu Wassalaamu alaa sayyidinaa Muhammadin wa alaa aalihii wa sahbihii ajma iin. Allahumma antaa'l-abadiyyu'l-kadiim. Al-hayyu'l-kariim. Al-hannaa-nul mannaan. Wa haadhihii sanatun jadiidatun as'aluka fiiha'l-'ismat mina shaytani rajiim. Wal 'awna alaa haadhihinnafsi'l-ammaarati bissuui wa'l-ishti ghaala bimaa yukarribunii ilayka, yaa dhal-jalaali wa'l-ikraam. Birahmatika yaa arhamarraahimiin. Wa sallallaahu wa salam alaa sayyidinaa wa nabiyyinaa Muhammadin wa alaa aalihii wa sahbihii wa ahl-i baytihii ajma 'iin.*

In addition, the Sahabahs (*radiyallahu anhu*) would learn the following *dua* for when the new month or New Muslim Year would begin:

- اللهم أدْخِلْهُ علينا بالأمْنِ والإيمان والسّلامةِ والإسْلام وَرِضْوَانٍ مِنَ الرَّحْمن وجِوارٍ مِنَ الشَّيْطان
- *Allahumma adkhilhu 'alayna bil amni wal iman, was salamati wal islam, wa ridwanim minar Rahman, wa jiwarim minash shaytan*
- O Allah, bring this [month or year] upon us with security, iman, safety, Islam, your pleasure and protection from shaytan. (Al-Mu'jamul Awsat of Tabarani, Hadith: 6237).

I wish you *mubarak* prosperity, growth and health in 1441. *Aameen*.

With love and peace,

Papatia Feauxzar

Rabi-II 27, 1440

(Friday, January 04, 2019)

Allaah (Allah)

MUHARRAM 1, 1441
(SATURDAY, AUGUST 31, 2019)

TASKS:
- [ ]
- [ ]
- [ ]
- [ ]
- [ ]
- [ ]
- [ ]
- [ ]
- [ ]
- [ ]
- [ ]
- [ ]

GOALS:
★
★
★
★
★

I'M GRATEFUL FOR:
♥
♥
♥
♥

Notes:

"Live every day of the Muslim year like it was a day in Ramadan where it comes easy for you to track the days in the holy month." — Fofky

Ar Rahmaan (The Most Gracious)

**MUHARRAM 2, 1441
(SUNDAY, SEPTEMBER 1, 2019)**

TASKS:	GOALS:
☐ _____	★ _____
☐ _____	★ _____
☐ _____	★ _____
☐ _____	★ _____
☐ _____	★ _____
☐ _____	★ _____
☐ _____	
☐ _____	**I'M GRATEFUL FOR:**
☐ _____	♥ _____
☐ _____	♥ _____
☐ _____	♥ _____
☐ _____	♥ _____

Notes:

Most Inspiring Quote:

Ar Rahiim (The Most Merciful)

**MUHARRAM 3, 1441
(MONDAY, SEPTEMBER 2, 2019)**

TASKS:	GOALS:
☐ _____	★ _____
☐ _____	★ _____
☐ _____	★ _____
☐ _____	★ _____
☐ _____	★ _____
☐ _____	★ _____
☐ _____	
☐ _____	**I'M GRATEFUL FOR:**
☐ _____	♥ _____
☐ _____	♥ _____
☐ _____	♥ _____
☐ _____	♥ _____

Notes:

Most Inspiring Quote:

Al Malik (The Ruler)

MUHARRAM 4, 1441
(TUESDAY, SEPTEMBER 3, 2019)

TASKS:
- ☐ _____
- ☐ _____
- ☐ _____
- ☐ _____
- ☐ _____
- ☐ _____
- ☐ _____
- ☐ _____
- ☐ _____
- ☐ _____
- ☐ _____
- ☐ _____

GOALS:
- ★ _____
- ★ _____
- ★ _____
- ★ _____
- ★ _____
- ★ _____

I'M GRATEFUL FOR:
- ♥ _____
- ♥ _____
- ♥ _____
- ♥ _____

Notes:

Most Inspiring Quote:

Al Quddoos (The Most Pure)

**MUHARRAM 5, 1441
(WEDNESDAY, SEPTEMBER 4, 2019)**

TASKS:	GOALS:
☐	★
☐	★
☐	★
☐	★
☐	★
☐	★
☐	
☐	**I'M GRATEFUL FOR:**
☐	♥
☐	♥
☐	♥
☐	♥

Notes:

Most Inspiring Quote:

As Salaam (The Giver of Peace)

**MUHARRAM 6, 1441
(THURSDAY, SEPTEMBER 5, 2019)**

TASKS:
- [ ]
- [ ]
- [ ]
- [ ]
- [ ]
- [ ]
- [ ]
- [ ]
- [ ]
- [ ]
- [ ]
- [ ]

GOALS:
- ★
- ★
- ★
- ★
- ★
- ★

I'M GRATEFUL FOR:
- ♥
- ♥
- ♥
- ♥

Notes:

Most Inspiring Quote:

Al Muumin (The Granter of Security)

**MUHARRAM 7, 1441
(FRIDAY, SEPTEMBER 6, 2019)**

TASKS:	GOALS:
☐	★
☐	★
☐	★
☐	★
☐	★
☐	★
☐	
☐	**I'M GRATEFUL FOR:**
☐	♥
☐	♥
☐	♥
☐	♥

Notes:

Most Inspiring Quote:

Al Muhaymin (The Guardian)

MUHARRAM 8, 1441
(SATURDAY, SEPTEMBER 7, 2019)

TASKS:	GOALS:
☐	★
☐	★
☐	★
☐	★
☐	★
☐	★
☐	
☐	**I'M GRATEFUL FOR:**
☐	♥
☐	♥
☐	♥
☐	♥

Notes:

Most Inspiring Quote:

Al Azeez (The Almighty)

**MUHARRAM 9, 1441
(SUNDAY, SEPTEMBER 8, 2019)**

TASKS:
- [ ]
- [ ]
- [ ]
- [ ]
- [ ]
- [ ]
- [ ]
- [ ]
- [ ]
- [ ]
- [ ]
- [ ]

GOALS:
★
★
★
★
★
★

I'M GRATEFUL FOR:
♥
♥
♥
♥

Notes:

Most Inspiring Quote:

Al Jabbaar (The Powerful)

**MUHARRAM 10, 1441
(MONDAY, SEPTEMBER 9, 2019)**

TASKS:	GOALS:
☐	★
☐	★
☐	★
☐	★
☐	★
☐	★
☐	
☐	**I'M GRATEFUL FOR:**
☐	♥
☐	♥
☐	♥
☐	♥

Event: Ashura

Notes:

Most Inspiring Quote:

Al Mutakabbir (The Majestic)

MUHARRAM 11, 1441
(TUESDAY, SEPTEMBER 10, 2019)

TASKS:	GOALS:
☐ _____	★ _____
☐ _____	★ _____
☐ _____	★ _____
☐ _____	★ _____
☐ _____	★ _____
☐ _____	★ _____
☐ _____	
☐ _____	**I'M GRATEFUL FOR:**
☐ _____	♥ _____
☐ _____	♥ _____
☐ _____	♥ _____
☐ _____	♥ _____

Notes:

Most Inspiring Quote:

Al Khaaliq (The Creator)

**MUHARRAM 12, 1441
(WEDNESDAY, SEPTEMBER 11, 2019)**

TASKS:
- [ ]
- [ ]
- [ ]
- [ ]
- [ ]
- [ ]
- [ ]
- [ ]
- [ ]
- [ ]
- [ ]

GOALS:
- ★
- ★
- ★
- ★
- ★

I'M GRATEFUL FOR:
- ♥
- ♥
- ♥
- ♥

Notes:

Most Inspiring Quote:

Al Baari (The Maker)

MUHARRAM 13, 1441
(THURSDAY, SEPTEMBER 12, 2019)

TASKS:	GOALS:
☐	★
☐	★
☐	★
☐	★
☐	★
☐	★
☐	
☐	**I'M GRATEFUL FOR:**
☐	♥
☐	♥
☐	♥
☐	♥

Notes:

Most Inspiring Quote:

Al Musawwir (The Fashioner of Forms)

**MUHARRAM 14, 1441
(FRIDAY, SEPTEMBER 13, 2019)**

TASKS:
- [ ]
- [ ]
- [ ]
- [ ]
- [ ]
- [ ]
- [ ]
- [ ]
- [ ]
- [ ]
- [ ]
- [ ]

GOALS:
★
★
★
★
★
★

I'M GRATEFUL FOR:
♥
♥
♥
♥

Notes:

Most Inspiring Quote:

Al Ghafaar (The Ever Forgiving)

**MUHARRAM 15, 1441
(SATURDAY, SEPTEMBER 14, 2019)**

TASKS:		GOALS:
☐		★
☐		★
☐		★
☐		★
☐		★
☐		★
☐		
☐		**I'M GRATEFUL FOR:**
☐		♥
☐		♥
☐		♥
☐		♥

Notes:

Most Inspiring Quote:

Al Qahhaar (The Subjugator)

MUHARRAM 16, 1441
(SUNDAY, SEPTEMBER 15, 2019)

TASKS:	GOALS:
☐	★
☐	★
☐	★
☐	★
☐	★
☐	★
☐	
☐	**I'M GRATEFUL FOR:**
☐	♥
☐	♥
☐	♥
☐	♥

Notes:

Most Inspiring Quote:

Al Wahhaab (The Bestower)

**MUHARRAM 17, 1441
(MONDAY, SEPTEMBER 16, 2019)**

TASKS:	GOALS:
☐	★
☐	★
☐	★
☐	★
☐	★
☐	★
☐	
☐	**I'M GRATEFUL FOR:**
☐	♥
☐	♥
☐	♥
☐	♥

Notes:

Most Inspiring Quote:

Ar Razzaaq (The Ever Provider)

MUHARRAM 18, 1441
(TUESDAY, SEPTEMBER 17, 2019)

TASKS:
- ☐
- ☐
- ☐
- ☐
- ☐
- ☐
- ☐
- ☐
- ☐
- ☐
- ☐

GOALS:
- ★
- ★
- ★
- ★
- ★

I'M GRATEFUL FOR:
- ♥
- ♥
- ♥
- ♥

Notes:

Most Inspiring Quote:

Al Fattaah (The Opener)

**MUHARRAM 19, 1441
(WEDNESDAY, SEPTEMBER 18, 2019)**

TASKS:	GOALS:
☐	★
☐	★
☐	★
☐	★
☐	★
☐	★
☐	
☐	**I'M GRATEFUL FOR:**
☐	♥
☐	♥
☐	♥
☐	♥

Notes:

Most Inspiring Quote:

Al Aleem (The All Knowing)

MUHARRAM 20, 1441
(THURSDAY, SEPTEMBER 19, 2019)

TASKS:
- [ ]
- [ ]
- [ ]
- [ ]
- [ ]
- [ ]
- [ ]
- [ ]
- [ ]
- [ ]
- [ ]
- [ ]

GOALS:
★
★
★
★
★
★

I'M GRATEFUL FOR:
♥
♥
♥
♥

Notes:

Most Inspiring Quote:

Al Qaabid (The Restrainer)

**MUHARRAM 21, 1441
(FRIDAY, SEPTEMBER 20, 2019)**

TASKS:		GOALS:
☐		★
☐		★
☐		★
☐		★
☐		★
☐		★
☐		
☐		**I'M GRATEFUL FOR:**
☐		♥
☐		♥
☐		♥
☐		♥

Notes:

Most Inspiring Quote:

Al Baasit (The Expander)

**MUHARRAM 22, 1441
(SATURDAY, SEPTEMBER 21, 2019)**

TASKS:
- [ ]
- [ ]
- [ ]
- [ ]
- [ ]
- [ ]
- [ ]
- [ ]
- [ ]
- [ ]
- [ ]
- [ ]

GOALS:
- ★
- ★
- ★
- ★
- ★

I'M GRATEFUL FOR:
- ♥
- ♥
- ♥
- ♥

Notes:

Most Inspiring Quote:

Al Khaafid (The Humbler)

**MUHARRAM 23, 1441
(SUNDAY, SEPTEMBER 22, 2019)**

TASKS:	GOALS:
☐	★
☐	★
☐	★
☐	★
☐	★
☐	★
☐	
☐	**I'M GRATEFUL FOR:**
☐	♥
☐	♥
☐	♥
☐	♥

Notes:

Most Inspiring Quote:

Ar Raafi (The Exalter)

MUHARRAM 24, 1441
(MONDAY, SEPTEMBER 23, 2019)

TASKS:
- ☐ _____
- ☐ _____
- ☐ _____
- ☐ _____
- ☐ _____
- ☐ _____
- ☐ _____
- ☐ _____
- ☐ _____
- ☐ _____
- ☐ _____
- ☐ _____

GOALS:
- ★ _____
- ★ _____
- ★ _____
- ★ _____
- ★ _____

I'M GRATEFUL FOR:
- ♥ _____
- ♥ _____
- ♥ _____
- ♥ _____

Notes:

Most Inspiring Quote:

Al Muizz (The Giver of Honor)

**MUHARRAM 25, 1441
(TUESDAY, SEPTEMBER 24, 2019)**

TASKS:	GOALS:
☐	★
☐	★
☐	★
☐	★
☐	★
☐	★
☐	
☐	**I'M GRATEFUL FOR:**
☐	♥
☐	♥
☐	♥
☐	♥

Notes:

Most Inspiring Quote:

Al Muzhil (The Giver of Disgrace)

**MUHARRAM 26, 1441
(WEDNESDAY, SEPTEMBER 25, 2019)**

TASKS:
- ☐ _____
- ☐ _____
- ☐ _____
- ☐ _____
- ☐ _____
- ☐ _____
- ☐ _____
- ☐ _____
- ☐ _____
- ☐ _____
- ☐ _____
- ☐ _____

GOALS:
- ★ _____
- ★ _____
- ★ _____
- ★ _____
- ★ _____

I'M GRATEFUL FOR:
- ♥ _____
- ♥ _____
- ♥ _____
- ♥ _____

Notes:

Most Inspiring Quote:

As Samee (The All Hearing)

**MUHARRAM 27, 1441
(THURSDAY, SEPTEMBER 26, 2019)**

TASKS:
- [ ]
- [ ]
- [ ]
- [ ]
- [ ]
- [ ]
- [ ]
- [ ]
- [ ]
- [ ]
- [ ]
- [ ]

GOALS:
- ★
- ★
- ★
- ★
- ★

I'M GRATEFUL FOR:
- ♥
- ♥
- ♥
- ♥

Notes:

Most Inspiring Quote:

Al Baseer (All Seeing)

MUHARRAM 28, 1441
(FRIDAY, SEPTEMBER 27, 2019)

TASKS:	GOALS:
☐	★
☐	★
☐	★
☐	★
☐	★
☐	★
☐	
☐	**I'M GRATEFUL FOR:**
☐	♥
☐	♥
☐	♥
☐	♥

Notes:

Most Inspiring Quote:

Al Hakam (The Judge)

MUHARRAM 29, 1441
(SATURDAY, SEPTEMBER 28, 2019)

TASKS:	GOALS:
☐	★
☐	★
☐	★
☐	★
☐	★
☐	★
☐	
☐	**I'M GRATEFUL FOR:**
☐	♥
☐	♥
☐	♥
☐	♥

Notes:

Most Inspiring Quote:

Al Adlu (The Just)

**MUHARRAM 30, 1441
(SUNDAY, SEPTEMBER 29, 2019)**

TASKS:
- [ ] _____
- [ ] _____
- [ ] _____
- [ ] _____
- [ ] _____
- [ ] _____
- [ ] _____
- [ ] _____
- [ ] _____
- [ ] _____
- [ ] _____
- [ ] _____

GOALS:
★ _____
★ _____
★ _____
★ _____
★ _____
★ _____

I'M GRATEFUL FOR:
♥ _____
♥ _____
♥ _____
♥ _____

Notes:

Most Inspiring Quote:

O Allah, bring this month of Safar upon us with security, iman, safety, Islam, your pleasure and protection from shaytan.

Ar Rafeeq (The Gentle)

SAFAR 1, 1441
(MONDAY, SEPTEMBER 30, 2019)

TASKS:	GOALS:
☐	★
☐	★
☐	★
☐	★
☐	★
☐	★
☐	
☐	**I'M GRATEFUL FOR:**
☐	♥
☐	♥
☐	♥
☐	♥

Notes:

"Stop competing. Look at a bookshelf or a library. Its beauty comes from its diverse repertoire. You don't only see books written all by the same author." — Fofky

Al Lateef (The Gentle)

SAFAR 2, 1441
(TUESDAY, OCTOBER 1, 2019)

TASKS:	GOALS:
☐	★
☐	★
☐	★
☐	★
☐	★
☐	★
☐	
☐	**I'M GRATEFUL FOR:**
☐	♥
☐	♥
☐	♥
☐	♥

Notes:

Most Inspiring Quote:

Al Khabeer (The All Aware)

SAFAR 3, 1441
(WEDNESDAY, OCTOBER 2, 2019)

TASKS:	GOALS:
☐	★
☐	★
☐	★
☐	★
☐	★
☐	★
☐	
☐	**I'M GRATEFUL FOR:**
☐	♥
☐	♥
☐	♥
☐	♥

Notes:

Most Inspiring Quote:

Al Haleem (The Indulgent)

SAFAR 4, 1441
(THURSDAY, OCTOBER 3, 2019)

TASKS:	GOALS:
☐ _____	★ _____
☐ _____	★ _____
☐ _____	★ _____
☐ _____	★ _____
☐ _____	★ _____
☐ _____	★ _____
☐ _____	
☐ _____	**I'M GRATEFUL FOR:**
☐ _____	♥ _____
☐ _____	♥ _____
☐ _____	♥ _____
☐ _____	♥ _____

Notes:

Most Inspiring Quote:

Al Azheem (The Great)

SAFAR 5, 1441
(FRIDAY, OCTOBER 4, 2019)

TASKS:
- ☐
- ☐
- ☐
- ☐
- ☐
- ☐
- ☐
- ☐
- ☐
- ☐
- ☐
- ☐

GOALS:
- ★
- ★
- ★
- ★
- ★
- ★

I'M GRATEFUL FOR:
- ♥
- ♥
- ♥
- ♥

Notes:

Most Inspiring Quote:

Al Ghafoor (The All Forgiving)

SAFAR 6, 1441
(SATURDAY, OCTOBER 5, 2019)

TASKS:
- [ ]
- [ ]
- [ ]
- [ ]
- [ ]
- [ ]
- [ ]
- [ ]
- [ ]
- [ ]
- [ ]
- [ ]

GOALS:
- ★
- ★
- ★
- ★
- ★

I'M GRATEFUL FOR:
- ♥
- ♥
- ♥
- ♥

Notes:

Most Inspiring Quote:

Ash Shakoor (The Grateful)

**SAFAR 7, 1441
(SUNDAY, OCTOBER 6, 2019)**

TASKS:	GOALS:
☐	★
☐	★
☐	★
☐	★
☐	★
☐	★
☐	
☐	**I'M GRATEFUL FOR:**
☐	♥
☐	♥
☐	♥
☐	♥

Notes:

Most Inspiring Quote:

Al Aliyy (The Most High)

**SAFAR 8, 1441
(MONDAY, OCTOBER 7, 2019)**

TASKS:	GOALS:
☐	★
☐	★
☐	★
☐	★
☐	★
☐	★
☐	
☐	**I'M GRATEFUL FOR:**
☐	♥
☐	♥
☐	♥
☐	♥

Notes:

Most Inspiring Quote:

Al Kabeer (The Most Great)

SAFAR 9, 1441
(TUESDAY, OCTOBER 8, 2019)

TASKS:
- [ ]
- [ ]
- [ ]
- [ ]
- [ ]
- [ ]
- [ ]
- [ ]
- [ ]
- [ ]
- [ ]
- [ ]

GOALS:
★
★
★
★
★
★

I'M GRATEFUL FOR:
♥
♥
♥
♥

Notes:

Most Inspiring Quote:

Al Hafeez (The Preserver)

**SAFAR 10, 1441
(WEDNESDAY, OCTOBER 9, 2019)**

TASKS:
- ☐ _____
- ☐ _____
- ☐ _____
- ☐ _____
- ☐ _____
- ☐ _____
- ☐ _____
- ☐ _____
- ☐ _____
- ☐ _____
- ☐ _____
- ☐ _____

GOALS:
- ★ _____
- ★ _____
- ★ _____
- ★ _____
- ★ _____
- ★ _____

I'M GRATEFUL FOR:
- ♥ _____
- ♥ _____
- ♥ _____
- ♥ _____

Notes:

Most Inspiring Quote:

Al Muqeet (The Nourisher)

SAFAR 11, 1441
(THURSDAY, OCTOBER 10, 2019)

TASKS:
- [ ]
- [ ]
- [ ]
- [ ]
- [ ]
- [ ]
- [ ]
- [ ]
- [ ]
- [ ]
- [ ]
- [ ]

GOALS:
★
★
★
★
★
★

I'M GRATEFUL FOR:
♥
♥
♥
♥

Notes:

Most Inspiring Quote:

Al Haseeb (The Accountant)

SAFAR 12, 1441
(FRIDAY, OCTOBER 11, 2019)

TASKS:	GOALS:
☐ _____	★ _____
☐ _____	★ _____
☐ _____	★ _____
☐ _____	★ _____
☐ _____	★ _____
☐ _____	★ _____
☐ _____	
☐ _____	**I'M GRATEFUL FOR:**
☐ _____	♥ _____
☐ _____	♥ _____
☐ _____	♥ _____
☐ _____	♥ _____

Notes:

Most Inspiring Quote:

Al Jaleel (The Most High)

SAFAR 13, 1441
(SATURDAY, OCTOBER 12, 2019)

TASKS:	GOALS:
☐ _____	★ _____
☐ _____	★ _____
☐ _____	★ _____
☐ _____	★ _____
☐ _____	★ _____
☐ _____	★ _____
☐ _____	
☐ _____	**I'M GRATEFUL FOR:**
☐ _____	♥ _____
☐ _____	♥ _____
☐ _____	♥ _____
☐ _____	♥ _____

Notes:

Most Inspiring Quote:

Al Kareem (The Generous)

**SAFAR 14, 1441
(SUNDAY, OCTBER 13, 2019)**

TASKS:	GOALS:
☐	★
☐	★
☐	★
☐	★
☐	★
☐	★
☐	
☐	**I'M GRATEFUL FOR:**
☐	♥
☐	♥
☐	♥
☐	♥

Notes:

Most Inspiring Quote:

Al Raqeeb (The Watchful)

**SAFAR 15, 1441
(MONDAY, OCTOBER 14, 2019)**

TASKS:	GOALS:
☐	★
☐	★
☐	★
☐	★
☐	★
☐	★
☐	
☐	**I'M GRATEFUL FOR:**
☐	♥
☐	♥
☐	♥
☐	♥

Notes:

Most Inspiring Quote:

Al Mujeeb (The Responsive)

SAFAR 16, 1441
(TUESDAY, OCTOBER 15, 2019)

TASKS:	GOALS:
☐ _____	★ _____
☐ _____	★ _____
☐ _____	★ _____
☐ _____	★ _____
☐ _____	★ _____
☐ _____	★ _____
☐ _____	
☐ _____	**I'M GRATEFUL FOR:**
☐ _____	♥ _____
☐ _____	♥ _____
☐ _____	♥ _____
☐ _____	♥ _____

Notes:

Most Inspiring Quote:

Al Waasi (The All Encompassing)

SAFAR 17, 1441
(WEDNESDAY, OCTOBER 16, 2019)

TASKS:	GOALS:
☐	★
☐	★
☐	★
☐	★
☐	★
☐	★
☐	
☐	**I'M GRATEFUL FOR:**
☐	♥
☐	♥
☐	♥
☐	♥

Notes:

Most Inspiring Quote:

Al Hakeem (The All Wise)

**SAFAR 18, 1441
(THURSDAY, OCTOBER 17, 2019)**

TASKS:		GOALS:
☐		★
☐		★
☐		★
☐		★
☐		★
☐		
☐		**I'M GRATEFUL FOR:**
☐		♥
☐		♥
☐		♥
☐		♥

Notes:

Most Inspiring Quote:

Al Wadood (The Loving)

**SAFAR 19, 1441
(FRIDAY, OCTOBER 18, 2019)**

TASKS:
- ☐ _____
- ☐ _____
- ☐ _____
- ☐ _____
- ☐ _____
- ☐ _____
- ☐ _____
- ☐ _____
- ☐ _____
- ☐ _____
- ☐ _____
- ☐ _____

GOALS:
- ★ _____
- ★ _____
- ★ _____
- ★ _____
- ★ _____
- ★ _____

I'M GRATEFUL FOR:
- ♥ _____
- ♥ _____
- ♥ _____
- ♥ _____

Notes:

Most Inspiring Quote:

Al Majeed (The All Glorious)

SAFAR 20, 1441
(SATURDAY, OCTOBER 19, 2019)

TASKS:
- [ ]
- [ ]
- [ ]
- [ ]
- [ ]
- [ ]
- [ ]
- [ ]
- [ ]
- [ ]
- [ ]
- [ ]

GOALS:
★
★
★
★
★
★

I'M GRATEFUL FOR:
♥
♥
♥
♥

Notes:

Most Inspiring Quote:

Al Baaith (The Restorer of Life)

**SAFAR 21, 1441
(SUNDAY, OCTOBER 20, 2019)**

TASKS:	GOALS:
☐	★
☐	★
☐	★
☐	★
☐	★
☐	★
☐	
☐	**I'M GRATEFUL FOR:**
☐	♥
☐	♥
☐	♥
☐	♥

Notes:

Most Inspiring Quote:

Ash Shaheed (The Witness)

SAFAR 22, 1441
(MONDAY, OCTOBER 21, 2019)

TASKS:
- [ ]
- [ ]
- [ ]
- [ ]
- [ ]
- [ ]
- [ ]
- [ ]
- [ ]
- [ ]
- [ ]
- [ ]

GOALS:
- ★
- ★
- ★
- ★
- ★
- ★

I'M GRATEFUL FOR:
- ♥
- ♥
- ♥
- ♥

Notes:

Most Inspiring Quote:

Al Haqq (The Truth)

SAFAR 23, 1441
(TUESDAY, OCTOBER 22, 2019)

TASKS:
- [ ]
- [ ]
- [ ]
- [ ]
- [ ]
- [ ]
- [ ]
- [ ]
- [ ]
- [ ]
- [ ]
- [ ]

GOALS:
★
★
★
★
★
★

I'M GRATEFUL FOR:
♥
♥
♥
♥

Notes:

Most Inspiring Quote:

Al Wakeel (The Trustee)

Most Inspiring Quote:

Al Qawiyy (The Most Strong)

**MUHARRAM 25, 1441
(THURSDAY, OCTOBER 24, 2019)**

TASKS:
- ☐
- ☐
- ☐
- ☐
- ☐
- ☐
- ☐
- ☐
- ☐
- ☐
- ☐
- ☐

GOALS:
- ★
- ★
- ★
- ★
- ★

I'M GRATEFUL FOR:
- ♥
- ♥
- ♥
- ♥

Notes:

Most Inspiring Quote:

Al Mateen (The Firm)

**SAFAR 26, 1441
(FRIDAY, OCTOBER 25, 2019)**

TASKS:	GOALS:
☐	★
☐	★
☐	★
☐	★
☐	★
☐	★
☐	
☐	**I'M GRATEFUL FOR:**
☐	♥
☐	♥
☐	♥
☐	♥

Notes:

Most Inspiring Quote:

Al Waliyy (The Protecting Friend)

SAFAR 27, 1441
SATURDAY, OCTOBER 26, 2019)

TASKS:	GOALS:
☐	★
☐	★
☐	★
☐	★
☐	★
☐	★
☐	
☐	**I'M GRATEFUL FOR:**
☐	♥
☐	♥
☐	♥
☐	♥

Notes:

Most Inspiring Quote:

Al Hameed (The All Praiseworthy)

SAFAR 28, 1441
(SUNDAY, OCTOBER 27, 2019)

TASKS:	GOALS:
☐	★
☐	★
☐	★
☐	★
☐	★
☐	★
☐	
☐	**I'M GRATEFUL FOR:**
☐	♥
☐	♥
☐	♥
☐	♥

Notes:

Most Inspiring Quote:

Al Mushee (The Assessor)

**SAFAR 29, 1441
(MONDAY, OCTOBER 28, 2019)**

TASKS:
- [ ]
- [ ]
- [ ]
- [ ]
- [ ]
- [ ]
- [ ]
- [ ]
- [ ]
- [ ]
- [ ]
- [ ]

GOALS:
- ★
- ★
- ★
- ★
- ★
- ★

I'M GRATEFUL FOR:
- ♥
- ♥
- ♥
- ♥

Notes:

Most Inspiring Quote:

O Allah, bring this month of Rabi-I upon us with security, iman, safety, Islam, your pleasure and protection from shaytan.

Al Mubdi (The Originator of All)

**RABI-I 1, 1441
(TUESDAY, OCTOBER 29, 2019)**

TASKS:	GOALS:
☐	★
☐	★
☐	★
☐	★
☐	★
☐	★
☐	
☐	**I'M GRATEFUL FOR:**
☐	♥
☐	♥
☐	♥
☐	♥

Notes:

"Have an eye for opportunities that will never present themselves again and seize them." — *Fofky*

Al Mueed (The Restorer)

RABI-I 2, 1441
(WEDNESDAY, OCTOBER 30, 2019)

TASKS:	GOALS:
☐	★
☐	★
☐	★
☐	★
☐	★
☐	★
☐	
☐	**I'M GRATEFUL FOR:**
☐	♥
☐	♥
☐	♥
☐	♥

Notes:

Most Inspiring Quote:

Al Muhyi (The Giver of Life)

RABI-I 3, 1441
(THURSDAY, OCTOBER 31, 2019)

TASKS:
- [ ]
- [ ]
- [ ]
- [ ]
- [ ]
- [ ]
- [ ]
- [ ]
- [ ]
- [ ]
- [ ]
- [ ]

GOALS:
★
★
★
★
★
★

I'M GRATEFUL FOR:
♥
♥
♥
♥

Notes:

Most Inspiring Quote:

Al Mumeet (The Giver of Death)

RABI-I 4, 1441
(FRIDAY, NOVEMBER 1, 2019)

TASKS:
- [ ]
- [ ]
- [ ]
- [ ]
- [ ]
- [ ]
- [ ]
- [ ]
- [ ]
- [ ]
- [ ]
- [ ]

GOALS:
★
★
★
★
★
★

I'M GRATEFUL FOR:
♥
♥
♥
♥

Notes:

Most Inspiring Quote:

Al Hayy (The Ever Living)

**RABI-I 5, 1441
(SATURDAY, NOVEMBER 2, 2019)**

TASKS:
- ☐ _____
- ☐ _____
- ☐ _____
- ☐ _____
- ☐ _____
- ☐ _____
- ☐ _____
- ☐ _____
- ☐ _____
- ☐ _____
- ☐ _____
- ☐ _____

GOALS:
- ★ _____
- ★ _____
- ★ _____
- ★ _____
- ★ _____
- ★ _____

I'M GRATEFUL FOR:
- ♥ _____
- ♥ _____
- ♥ _____
- ♥ _____

Notes:

Most Inspiring Quote:

Al Qayyoom (The Self Sustaining)

**RABI-I 6, 1441
(SUNDAY, NOVEMBER 3, 2019)**

TASKS:
- [ ]
- [ ]
- [ ]
- [ ]
- [ ]
- [ ]
- [ ]
- [ ]
- [ ]
- [ ]
- [ ]
- [ ]

GOALS:
★
★
★
★
★
★

I'M GRATEFUL FOR:
♥
♥
♥
♥

Notes:

Most Inspiring Quote:

Al Waajid (The Finder)

**RABI-I 7, 1441
(MONDAY, NOVEMBER 4, 2019)**

TASKS:
- [ ]
- [ ]
- [ ]
- [ ]
- [ ]
- [ ]
- [ ]
- [ ]
- [ ]
- [ ]
- [ ]

GOALS:
★
★
★
★
★
★

I'M GRATEFUL FOR:
♥
♥
♥
♥

Notes:

Most Inspiring Quote:

Al Maajid (The Illustrious)

**RABI-I 8, 1441
(TUESDAY, NOVEMBER 5, 2019)**

TASKS:	GOALS:
☐	★
☐	★
☐	★
☐	★
☐	★
☐	★
☐	
☐	**I'M GRATEFUL FOR:**
☐	♥
☐	♥
☐	♥
☐	♥

Notes:

Most Inspiring Quote:

Al Wahid (The One and Unique)

**RABI-I 9, 1441
(WEDNESDAY, NOVEMBER 6, 2019)**

TASKS:	GOALS:
☐	★
☐	★
☐	★
☐	★
☐	★
☐	★
☐	
☐	**I'M GRATEFUL FOR:**
☐	♥
☐	♥
☐	♥
☐	♥

Notes:

Most Inspiring Quote:

Al Ahad (The One and All Inclusive)

RABI-I 10, 1441
(THURSDAY, NOVEMBER 7, 2019)

TASKS:	GOALS:
☐	★
☐	★
☐	★
☐	★
☐	★
☐	★
☐	
☐	**I'M GRATEFUL FOR:**
☐	♥
☐	♥
☐	♥
☐	♥

Notes:

Most Inspiring Quote:

As Samad (The Ever Lasting and Self Sufficient)

RABI-I 11, 1441
(FRIDAY, NOVEMBER 8, 2019)

TASKS:
- [ ]
- [ ]
- [ ]
- [ ]
- [ ]
- [ ]
- [ ]
- [ ]
- [ ]
- [ ]
- [ ]
- [ ]

GOALS:
- ★
- ★
- ★
- ★
- ★
- ★

I'M GRATEFUL FOR:
- ♥
- ♥
- ♥
- ♥

Event: Mawlid

Notes:

Most Inspiring Quote:

Al Qaadir (The Fully Able One)

**RABI-I 12, 1441
(SATURDAY, NOVEMBER 9, 2019)**

TASKS:	GOALS:
☐	★
☐	★
☐	★
☐	★
☐	★
☐	★
☐	
☐	**I'M GRATEFUL FOR:**
☐	♥
☐	♥
☐	♥
☐	♥

Event: Mawlid

Notes:

Most Inspiring Quote:

Al Muqtadir (The Omnipotent)

**RABI-I 13, 1441
(SUNDAY, NOVEMBER 10, 2019)**

TASKS:
- ☐ _____
- ☐ _____
- ☐ _____
- ☐ _____
- ☐ _____
- ☐ _____
- ☐ _____
- ☐ _____
- ☐ _____
- ☐ _____
- ☐ _____
- ☐ _____

GOALS:
- ★ _____
- ★ _____
- ★ _____
- ★ _____
- ★ _____

I'M GRATEFUL FOR:
- ♥ _____
- ♥ _____
- ♥ _____
- ♥ _____

Notes:

Most Inspiring Quote:

Al Muqaddim (The One Who Advances or Defers)

**RABI-I 14, 1441
(MONDAY, NOVEMBER 11, 2019)**

TASKS:	GOALS:
☐	★
☐	★
☐	★
☐	★
☐	★
☐	★
☐	
☐	**I'M GRATEFUL FOR:**
☐	♥
☐	♥
☐	♥
☐	♥

Notes:

Most Inspiring Quote:

Al Muakhkhir (The Delayer)

**RABI-I 15, 1441
(TUESDAY, NOVEMBER 12, 2019)**

TASKS:	GOALS:
☐	★
☐	★
☐	★
☐	★
☐	★
☐	★
☐	
☐	**I'M GRATEFUL FOR:**
☐	♥
☐	♥
☐	♥
☐	♥

Notes:

Most Inspiring Quote:

Al Awwal (The First)

**RABI-I 16, 1441
(WEDNESDAY, NOVEMBER 13, 2019)**

TASKS:	GOALS:
☐	★
☐	★
☐	★
☐	★
☐	★
☐	★
☐	
☐	**I'M GRATEFUL FOR:**
☐	♥
☐	♥
☐	♥
☐	♥

Notes:

Most Inspiring Quote:

Al Aakhir (The Last)

**RABI-I 17, 1441
(THURSDAY, NOVEMBER 14, 2019)**

TASKS:
- [ ]
- [ ]
- [ ]
- [ ]
- [ ]
- [ ]
- [ ]
- [ ]
- [ ]
- [ ]
- [ ]
- [ ]

GOALS:
- ★
- ★
- ★
- ★
- ★
- ★

I'M GRATEFUL FOR:
- ♥
- ♥
- ♥
- ♥

Notes:

Most Inspiring Quote:

Az Zaahir (The All Victorious)

**RABI-I 18, 1441
(FRIDAY, NOVEMBER 15, 2019)**

TASKS:
- [ ]
- [ ]
- [ ]
- [ ]
- [ ]
- [ ]
- [ ]
- [ ]
- [ ]
- [ ]
- [ ]

GOALS:
- ★
- ★
- ★
- ★
- ★
- ★

I'M GRATEFUL FOR:
- ♥
- ♥
- ♥
- ♥

Notes:

Most Inspiring Quote:

Al Baatin (The Hidden and The Evident)

RABI-I 19, 1441
(SATURDAY, NOVEMBER 16, 2019)

TASKS:
- [ ]
- [ ]
- [ ]
- [ ]
- [ ]
- [ ]
- [ ]
- [ ]
- [ ]
- [ ]
- [ ]
- [ ]

GOALS:
★
★
★
★
★
★

I'M GRATEFUL FOR:
♥
♥
♥
♥

Notes:

Most Inspiring Quote:

Al Waali (The Governor)

**RABI-I 20, 1441
(SUNDAY, NOVEMBER 17, 2019)**

TASKS:
- [ ]
- [ ]
- [ ]
- [ ]
- [ ]
- [ ]
- [ ]
- [ ]
- [ ]
- [ ]
- [ ]

GOALS:
★
★
★
★
★

I'M GRATEFUL FOR:
♥
♥
♥
♥

Notes:

Most Inspiring Quote:

Al Muta Aali (The Most Exalted)

**RABI-I 21, 1441
(MONDAY, NOVEMBER 18, 2019)**

TASKS:	GOALS:
☐	★
☐	★
☐	★
☐	★
☐	★
☐	★
☐	
☐	**I'M GRATEFUL FOR:**
☐	♥
☐	♥
☐	♥
☐	♥

Notes:

Most Inspiring Quote:

Al Barr (The Most Kind)

**RABI-I 22, 1441
(TUESDAY, NOVEMBER 19, 2019)**

TASKS:		GOALS:
☐		★
☐		★
☐		★
☐		★
☐		★
☐		★
☐		
☐		**I'M GRATEFUL FOR:**
☐		♥
☐		♥
☐		♥
☐		♥

Notes:

Most Inspiring Quote:

At Tawwaab (The Ever Accepting)

**RABI-I 23, 1441
(WEDNESDAY, NOVEMBER 20, 2019)**

TASKS:	GOALS:
☐	★
☐	★
☐	★
☐	★
☐	★
☐	★
☐	
☐	**I'M GRATEFUL FOR:**
☐	♥
☐	♥
☐	♥
☐	♥

Notes:

Most Inspiring Quote:

Al Muntaqim (The Avenger)

RABI-I 24, 1441
(THURSDAY, NOVEMBER 21, 2019)

TASKS:
- [ ]
- [ ]
- [ ]
- [ ]
- [ ]
- [ ]
- [ ]
- [ ]
- [ ]
- [ ]
- [ ]
- [ ]

GOALS:
★
★
★
★
★

I'M GRATEFUL FOR:
♥
♥
♥
♥

Notes:

Most Inspiring Quote:

Al Afuww (The Forgiver)

RABI-I 25, 1441
(FRIDAY, NOVEMBER 22, 2019)

TASKS:
- ☐
- ☐
- ☐
- ☐
- ☐
- ☐
- ☐
- ☐
- ☐
- ☐
- ☐
- ☐

GOALS:
- ★
- ★
- ★
- ★
- ★
- ★

I'M GRATEFUL FOR:
- ♥
- ♥
- ♥
- ♥

Notes:

Most Inspiring Quote:

Ar Raoof (The Compassionate)

**RABI-I 26, 1441
(SATURDAY, NOVEMBER 23, 2019)**

TASKS:		GOALS:
☐		★
☐		★
☐		★
☐		★
☐		★
☐		★
☐		
☐		**I'M GRATEFUL FOR:**
☐		♥
☐		♥
☐		♥
☐		♥

Notes:

Most Inspiring Quote:

Maalikul-Mulk (The Owner of All Sovereignty)

RABI-I 27, 1441
(SUNDAY, NOVEMBER 24, 2019)

TASKS:
- [ ]
- [ ]
- [ ]
- [ ]
- [ ]
- [ ]
- [ ]
- [ ]
- [ ]
- [ ]
- [ ]
- [ ]

GOALS:
★
★
★
★
★
★

I'M GRATEFUL FOR:
♥
♥
♥
♥

Notes:

Most Inspiring Quote:

Dhul-Jalali Wal Ikraam (The Lord of Majesty)

**RABI-I 28, 1441
(MONDAY, NOVEMBER 25, 2019)**

TASKS:	GOALS:
☐	★
☐	★
☐	★
☐	★
☐	★
☐	
☐	**I'M GRATEFUL FOR:**
☐	♥
☐	♥
☐	♥
☐	♥

Notes:

Most Inspiring Quote:

Al Muqsit (Al Muqsit)

**RABI-I 29, 1441
(TUESDAY, NOVEMBER 26, 2019)**

TASKS:		GOALS:
☐		★
☐		★
☐		★
☐		★
☐		★
☐		★
☐		
☐		I'M GRATEFUL FOR:
☐		♥
☐		♥
☐		♥
☐		♥

Notes:

Most Inspiring Quote:

Al Jaami (The Gatherer)

RABI-I 30, 1441
(WEDNESDAY, NOVEMBER 27, 2019)

TASKS:
- [ ] _____
- [ ] _____
- [ ] _____
- [ ] _____
- [ ] _____
- [ ] _____
- [ ] _____
- [ ] _____
- [ ] _____
- [ ] _____
- [ ] _____
- [ ] _____

GOALS:
★ _____
★ _____
★ _____
★ _____
★ _____
★ _____

I'M GRATEFUL FOR:
♥ _____
♥ _____
♥ _____
♥ _____

Notes:

Most Inspiring Quote:

O Allah, bring this month of Rabi-II upon us with security, iman, safety, Islam, your pleasure and protection from shaytan.

Al Ghaniyy (The Independent)

**RABI-II 1, 1441
(THURSDAY, NOVEMBER 28, 2019)**

TASKS:
- [ ]
- [ ]
- [ ]
- [ ]
- [ ]
- [ ]
- [ ]
- [ ]
- [ ]
- [ ]
- [ ]
- [ ]

GOALS:
★
★
★
★
★
★

I'M GRATEFUL FOR:
♥
♥
♥
♥

Notes:

"Be an hoardist. It's a person in between an artist and a hoarder." — Papatia Feauxzar

Al Mughnee (The Enricher)

RABI-II 2, 1441
(FRIDAY, NOVEMBER 29, 2019)

TASKS:	GOALS:
☐ _____	★ _____
☐ _____	★ _____
☐ _____	★ _____
☐ _____	★ _____
☐ _____	★ _____
☐ _____	★ _____
☐ _____	
☐ _____	**I'M GRATEFUL FOR:**
☐ _____	♥ _____
☐ _____	♥ _____
☐ _____	♥ _____
☐ _____	♥ _____

Notes:

Most Inspiring Quote:

Al Maani (The One Who Prevents)

RABI-II 3, 1441
(SATURDAY, NOVEMBER 30, 2019)

TASKS:		GOALS:
☐		★
☐		★
☐		★
☐		★
☐		★
☐		★
☐		
☐		**I'M GRATEFUL FOR:**
☐		♥
☐		♥
☐		♥
☐		♥

Notes:

Most Inspiring Quote:

Ad Daar (He Who Allows Distress to Afflict)

**RABI-II 4, 1441
(SUNDAY, DECEMBER 1, 2019)**

TASKS:
- ☐
- ☐
- ☐
- ☐
- ☐
- ☐
- ☐
- ☐
- ☐
- ☐
- ☐
- ☐

GOALS:
- ★
- ★
- ★
- ★
- ★

I'M GRATEFUL FOR:
- ♥
- ♥
- ♥
- ♥

Notes:

Most Inspiring Quote:

An Naafi (The Benefactor)

**RABI-II 5, 1441
(MONDAY, DECEMBER 2, 2019)**

TASKS:
- ☐ _____
- ☐ _____
- ☐ _____
- ☐ _____
- ☐ _____
- ☐ _____
- ☐ _____
- ☐ _____
- ☐ _____
- ☐ _____
- ☐ _____
- ☐ _____

GOALS:
- ★ _____
- ★ _____
- ★ _____
- ★ _____
- ★ _____

I'M GRATEFUL FOR:
- ♥ _____
- ♥ _____
- ♥ _____
- ♥ _____

Notes:

Most Inspiring Quote:

An Noor (The Light)

**RABII-I 6, 1441
(TUESDAY, DECEMBER 3, 2019)**

TASKS:	GOALS:
☐	★
☐	★
☐	★
☐	★
☐	★
☐	★
☐	
☐	**I'M GRATEFUL FOR:**
☐	♥
☐	♥
☐	♥
☐	♥

Notes:

Most Inspiring Quote:

Al Haadi (He Who Guides)

RABI-II 7, 1441
(WEDNESDAY, DECEMBER 4, 2019)

TASKS:	GOALS:
☐	★
☐	★
☐	★
☐	★
☐	★
☐	★
☐	
☐	**I'M GRATEFUL FOR:**
☐	♥
☐	♥
☐	♥
☐	♥

Notes:

Most Inspiring Quote:

Al Badee (The Incomparable)

RABI-II 8, 1441
(THURSDAY, DECEMBER 5, 2019)

TASKS:	GOALS:
☐	★
☐	★
☐	★
☐	★
☐	★
☐	
☐	**I'M GRATEFUL FOR:**
☐	♥
☐	♥
☐	♥
☐	♥

Notes:

Most Inspiring Quote:

Al Baaqi (The Ever Lasting)

**RABI-II 9, 1441
(FRIDAY, DECEMBER 6, 2019)**

TASKS:
- [ ]
- [ ]
- [ ]
- [ ]
- [ ]
- [ ]
- [ ]
- [ ]
- [ ]
- [ ]
- [ ]
- [ ]

GOALS:
- ★
- ★
- ★
- ★
- ★

I'M GRATEFUL FOR:
- ♥
- ♥
- ♥
- ♥

Notes:

Most Inspiring Quote:

Al Waarith (The Inheritor of All)

RABI-II 10, 1441
(SATURDAY, DECEMBER 7, 2019)

TASKS:
- [ ]
- [ ]
- [ ]
- [ ]
- [ ]
- [ ]
- [ ]
- [ ]
- [ ]
- [ ]
- [ ]
- [ ]

GOALS:
- ★
- ★
- ★
- ★
- ★

I'M GRATEFUL FOR:
- ♥
- ♥
- ♥
- ♥

Notes:

Most Inspiring Quote:

Ar Rasheed (The Guide to the Right Path)

**RABI-II 11, 1441
(SUNDAY, DECEMBER 8, 2019)**

TASKS:
- [ ]
- [ ]
- [ ]
- [ ]
- [ ]
- [ ]
- [ ]
- [ ]
- [ ]
- [ ]
- [ ]
- [ ]

GOALS:
- ★
- ★
- ★
- ★
- ★

I'M GRATEFUL FOR:
- ♥
- ♥
- ♥
- ♥

Notes:

Most Inspiring Quote:

As Saboor (The Patient)

RABI-II 12, 1441
(MONDAY, DECEMBER 9, 2019)

TASKS:	GOALS:
☐	★
☐	★
☐	★
☐	★
☐	★
☐	★
☐	
☐	**I'M GRATEFUL FOR:**
☐	♥
☐	♥
☐	♥
☐	♥

Notes:

Most Inspiring Quote:

Name of Allah to Reflect On:

RABI-II 13, 1441
(TUESDAY, DECEMBER 10, 2019)

TASKS:	GOALS:
☐ _____	★ _____
☐ _____	★ _____
☐ _____	★ _____
☐ _____	★ _____
☐ _____	★ _____
☐ _____	★ _____
☐ _____	
☐ _____	I'M GRATEFUL FOR:
☐ _____	♥ _____
☐ _____	♥ _____
☐ _____	♥ _____
☐ _____	♥ _____

Notes:

Most Inspiring Quote:

Name of Allah to Reflect On:

**RABI-II 14, 1441
(WEDNESDAY, DECEMBER 11, 2019)**

TASKS:
- [ ]
- [ ]
- [ ]
- [ ]
- [ ]
- [ ]
- [ ]
- [ ]
- [ ]
- [ ]
- [ ]
- [ ]

GOALS:
- ★
- ★
- ★
- ★
- ★
- ★

I'M GRATEFUL FOR:
- ♥
- ♥
- ♥
- ♥

Notes:

Most Inspiring Quote:

Name of Allah to Reflect On:

**RABI-II 15, 1441
(THURSDAY, DECEMBER 12, 2019)**

TASKS:	GOALS:
☐	★
☐	★
☐	★
☐	★
☐	★
☐	★
☐	
☐	**I'M GRATEFUL FOR:**
☐	♥
☐	♥
☐	♥
☐	♥

Notes:

Most Inspiring Quote:

Name of Allah to Reflect On:

**RABI-II 16, 1441
(FRIDAY, DECEMBER 13, 2019)**

TASKS:	GOALS:
☐	★
☐	★
☐	★
☐	★
☐	★
☐	★
☐	
☐	**I'M GRATEFUL FOR:**
☐	♥
☐	♥
☐	♥
☐	♥

Notes:

Most Inspiring Quote:

Name of Allah to Reflect On:

**RABI-II 17, 1441
(SATURDAY, DECEMBER 14, 2019)**

TASKS:	GOALS:
☐	★
☐	★
☐	★
☐	★
☐	★
☐	★
☐	
☐	**I'M GRATEFUL FOR:**
☐	♥
☐	♥
☐	♥
☐	♥

Notes:

Most Inspiring Quote:

Name of Allah to Reflect On:

RABI-II 18, 1441
(SUNDAY, DECEMBER 15, 2019)

TASKS:
- [ ] _____
- [ ] _____
- [ ] _____
- [ ] _____
- [ ] _____
- [ ] _____
- [ ] _____
- [ ] _____
- [ ] _____
- [ ] _____
- [ ] _____
- [ ] _____

GOALS:
★ _____
★ _____
★ _____
★ _____
★ _____

I'M GRATEFUL FOR:
♥ _____
♥ _____
♥ _____
♥ _____

Notes:

Most Inspiring Quote:

Name of Allah to Reflect On:

**RABI-II 19, 1441
(MONDAY, DECEMBER 16, 2019)**

TASKS:	GOALS:
☐	★
☐	★
☐	★
☐	★
☐	★
☐	★
☐	
☐	**I'M GRATEFUL FOR:**
☐	♥
☐	♥
☐	♥
☐	♥

Notes:

Most Inspiring Quote:

Name of Allah to Reflect On:

**RABI-II 20, 1441
(TUESDAY, DECEMBER 17, 2019)**

TASKS:		GOALS:
☐		★
☐		★
☐		★
☐		★
☐		★
☐		★
☐		
☐		**I'M GRATEFUL FOR:**
☐		♥
☐		♥
☐		♥
☐		♥

Notes:

Most Inspiring Quote:

Name of Allah to Reflect On:

**RABI-II 21, 1441
(WEDNESDAY, DECEMBER 18, 2019)**

TASKS:	GOALS:
☐	★
☐	★
☐	★
☐	★
☐	★
☐	★
☐	
☐	**I'M GRATEFUL FOR:**
☐	♥
☐	♥
☐	♥
☐	♥

Notes:

Most Inspiring Quote:

Name of Allah to Reflect On:

**RABI-II 22, 1441
(THURSDAY, DECEMBER 19, 2019)**

TASKS:	GOALS:
☐	★
☐	★
☐	★
☐	★
☐	★
☐	★
☐	
☐	**I'M GRATEFUL FOR:**
☐	♥
☐	♥
☐	♥
☐	♥

Notes:

Most Inspiring Quote:

Name of Allah to Reflect On:

**RABI-II 23, 1441
(FRIDAY, DECEMBER 20, 2019)**

TASKS:	GOALS:
☐ _____	★ _____
☐ _____	★ _____
☐ _____	★ _____
☐ _____	★ _____
☐ _____	★ _____
☐ _____	★ _____
☐ _____	
☐ _____	**I'M GRATEFUL FOR:**
☐ _____	♥ _____
☐ _____	♥ _____
☐ _____	♥ _____
☐ _____	♥ _____

Notes:

Most Inspiring Quote:

Name of Allah to Reflect On:

**RABI-II 24, 1441
(SATURDAY, DECEMBER 21, 2019)**

TASKS:	GOALS:
☐	★
☐	★
☐	★
☐	★
☐	★
☐	★
☐	
☐	I'M GRATEFUL FOR:
☐	♥
☐	♥
☐	♥
☐	♥

Notes:

Most Inspiring Quote:

Name of Allah to Reflect On:

**RABI-II 25, 1441
(SUNDAY, DECEMBER 22, 2019)**

TASKS:	GOALS:
☐ _____	★ _____
☐ _____	★ _____
☐ _____	★ _____
☐ _____	★ _____
☐ _____	★ _____
☐ _____	★ _____
☐ _____	
☐ _____	**I'M GRATEFUL FOR:**
☐ _____	♥ _____
☐ _____	♥ _____
☐ _____	♥ _____
☐ _____	♥ _____

Notes:

Most Inspiring Quote:

Name of Allah to Reflect On:

RABI-II 26, 1441
(MONDAY, DECEMBER 23, 2019)

TASKS:	GOALS:
☐	★
☐	★
☐	★
☐	★
☐	★
☐	★
☐	
☐	**I'M GRATEFUL FOR:**
☐	♥
☐	♥
☐	♥
☐	♥

Notes:

Most Inspiring Quote:

Name of Allah to Reflect On:

RABI-II 27, 1441
(TUESDAY, DECEMBER 24, 2019)

TASKS:	GOALS:
☐ _____	★ _____
☐ _____	★ _____
☐ _____	★ _____
☐ _____	★ _____
☐ _____	★ _____
☐ _____	★ _____
☐ _____	
☐ _____	**I'M GRATEFUL FOR:**
☐ _____	♥ _____
☐ _____	♥ _____
☐ _____	♥ _____
☐ _____	♥ _____

Notes:

Most Inspiring Quote:

Name of Allah to Reflect On:

**RABI-II 28, 1441
(WEDNESDAY, DECEMBER 25, 2019)**

TASKS:
- ☐ _____
- ☐ _____
- ☐ _____
- ☐ _____
- ☐ _____
- ☐ _____
- ☐ _____
- ☐ _____
- ☐ _____
- ☐ _____
- ☐ _____
- ☐ _____

GOALS:
- ★ _____
- ★ _____
- ★ _____
- ★ _____
- ★ _____
- ★ _____

I'M GRATEFUL FOR:
- ♥ _____
- ♥ _____
- ♥ _____
- ♥ _____

Notes:

Most Inspiring Quote:

Name of Allah to Reflect On:

RABI-II 29, 1441
(THURSDAY, DECEMBER 26, 2019)

TASKS:	GOALS:
☐ _____	★ _____
☐ _____	★ _____
☐ _____	★ _____
☐ _____	★ _____
☐ _____	★ _____
☐ _____	★ _____
☐ _____	
☐ _____	I'M GRATEFUL FOR:
☐ _____	♥ _____
☐ _____	♥ _____
☐ _____	♥ _____
☐ _____	♥ _____

Notes:

Most Inspiring Quote:

O Allah, bring this month of Jumada-I upon us with security, iman, safety, Islam, your pleasure and protection from shaytan.

Name of Allah to Reflect On:

**JUMADA-I 1, 1441
(FRIDAY, DECEMBER 27, 2019)**

TASKS:
- ☐
- ☐
- ☐
- ☐
- ☐
- ☐
- ☐
- ☐
- ☐
- ☐
- ☐
- ☐

GOALS:
- ★
- ★
- ★
- ★
- ★

I'M GRATEFUL FOR:
- ♥
- ♥
- ♥
- ♥

Notes:

"Do not grieve over people's words. Instead, let them witness your greatness." — Fofky

Name of Allah to Reflect On:

**JUMADA-I 2, 1441
(SATURDAY, DECEMBER 28, 2019)**

TASKS:	GOALS:
☐	★
☐	★
☐	★
☐	★
☐	★
☐	★
☐	
☐	**I'M GRATEFUL FOR:**
☐	♥
☐	♥
☐	♥
☐	♥

Notes:

Most Inspiring Quote:

Name of Allah to Reflect On:

**JUMADA-I 3, 1441
(SUNDAY, DECEMBER 29, 2019)**

TASKS:	GOALS:
☐	★
☐	★
☐	★
☐	★
☐	★
☐	★
☐	
☐	**I'M GRATEFUL FOR:**
☐	♥
☐	♥
☐	♥
☐	♥

Notes:

Most Inspiring Quote:

Name of Allah to Reflect On:

**JUMADA-I 4, 1441
(MONDAY, DECEMBER 30, 2019)**

TASKS:	GOALS:
☐	★
☐	★
☐	★
☐	★
☐	★
☐	★
☐	
☐	**I'M GRATEFUL FOR:**
☐	♥
☐	♥
☐	♥
☐	♥

Notes:

Most Inspiring Quote:

Name of Allah to Reflect On:

JUMADA-I 5, 1441
(TUESDAY, DECEMBER 31, 2019)

TASKS:	GOALS:
☐ _____	★ _____
☐ _____	★ _____
☐ _____	★ _____
☐ _____	★ _____
☐ _____	★ _____
☐ _____	★ _____
☐ _____	
☐ _____	I'M GRATEFUL FOR:
☐ _____	♥ _____
☐ _____	♥ _____
☐ _____	♥ _____
☐ _____	♥ _____

Notes:

Most Inspiring Quote:

Name of Allah to Reflect On:

**JUMADA-I 6, 1441
(WEDNESDAY, JANUARY 1, 2020)**

TASKS:
- ☐ _____
- ☐ _____
- ☐ _____
- ☐ _____
- ☐ _____
- ☐ _____
- ☐ _____
- ☐ _____
- ☐ _____
- ☐ _____
- ☐ _____
- ☐ _____

GOALS:
- ★ _____
- ★ _____
- ★ _____
- ★ _____
- ★ _____
- ★ _____

I'M GRATEFUL FOR:
- ♥ _____
- ♥ _____
- ♥ _____
- ♥ _____

Notes:

Most Inspiring Quote:

Name of Allah to Reflect On:

**JUMADA-I 7, 1441
(THURSDAY, JANUARY 2, 2020)**

TASKS:
- ☐ _____
- ☐ _____
- ☐ _____
- ☐ _____
- ☐ _____
- ☐ _____
- ☐ _____
- ☐ _____
- ☐ _____
- ☐ _____
- ☐ _____
- ☐ _____

GOALS:
- ★ _____
- ★ _____
- ★ _____
- ★ _____
- ★ _____
- ★ _____

I'M GRATEFUL FOR:
- ♥ _____
- ♥ _____
- ♥ _____
- ♥ _____

Notes:

Most Inspiring Quote:

Name of Allah to Reflect On:

**JUMADA-I 8, 1441
(FRIDAY, JANUARY 3, 2020)**

TASKS:
- [ ]
- [ ]
- [ ]
- [ ]
- [ ]
- [ ]
- [ ]
- [ ]
- [ ]
- [ ]
- [ ]
- [ ]

GOALS:
- ★
- ★
- ★
- ★
- ★

I'M GRATEFUL FOR:
- ♥
- ♥
- ♥
- ♥

Notes:

Most Inspiring Quote:

Name of Allah to Reflect On:

**JUMADA-I 9, 1441
(SATURDAY, JANUARY 4, 2020)**

TASKS:	GOALS:
☐	★
☐	★
☐	★
☐	★
☐	★
☐	★
☐	
☐	**I'M GRATEFUL FOR:**
☐	♥
☐	♥
☐	♥
☐	♥

Notes:

Most Inspiring Quote:

Name of Allah to Reflect On:

**JUMADA-I 10, 1441
(SUNDAY, JANUARY 5, 2020)**

TASKS:	GOALS:
☐	★
☐	★
☐	★
☐	★
☐	★
☐	★
☐	
☐	**I'M GRATEFUL FOR:**
☐	♥
☐	♥
☐	♥
☐	♥

Notes:

Most Inspiring Quote:

Name of Allah to Reflect On:

**JUMADA-I 11, 1441
(MONDAY, JANUARY 6, 2020)**

TASKS:	GOALS:
☐	★
☐	★
☐	★
☐	★
☐	★
☐	★
☐	
☐	**I'M GRATEFUL FOR:**
☐	♥
☐	♥
☐	♥
☐	♥

Notes:

Most Inspiring Quote:

Name of Allah to Reflect On:

**JUMADA-I 12, 1441
(TUESDAY, JANUARY 7, 2020)**

TASKS:		GOALS:
☐ _____		★ _____
☐ _____		★ _____
☐ _____		★ _____
☐ _____		★ _____
☐ _____		★ _____
☐ _____		★ _____
☐ _____		
☐ _____		**I'M GRATEFUL FOR:**
☐ _____		♥ _____
☐ _____		♥ _____
☐ _____		♥ _____
☐ _____		♥ _____

Notes:

Most Inspiring Quote:

Name of Allah to Reflect On:

**JUMADA-I 13, 1441
(WEDNESDAY, JANUARY 8, 2020)**

TASKS:	GOALS:
☐	★
☐	★
☐	★
☐	★
☐	★
☐	★
☐	
☐	**I'M GRATEFUL FOR:**
☐	♥
☐	♥
☐	♥
☐	♥

Notes:

Most Inspiring Quote:

Name of Allah to Reflect On:

**JUMADA-I 14, 1441
(THURSDAY, JANUARY 9, 2020)**

TASKS:	GOALS:
☐	★
☐	★
☐	★
☐	★
☐	★
☐	★
☐	
☐	**I'M GRATEFUL FOR:**
☐	♥
☐	♥
☐	♥
☐	♥

Notes:

Most Inspiring Quote:

Name of Allah to Reflect On:

JUMADA-I 15, 1441
(FRIDAY, JANUARY 10, 2020)

TASKS:	GOALS:
☐	★
☐	★
☐	★
☐	★
☐	★
☐	★
☐	
☐	**I'M GRATEFUL FOR:**
☐	♥
☐	♥
☐	♥
☐	♥

Notes:

Most Inspiring Quote:

Name of Allah to Reflect On:

**JUMADA-I 16, 1441
(SATURDAY, JANUARY 11, 2020)**

TASKS:	GOALS:
☐	★
☐	★
☐	★
☐	★
☐	★
☐	★
☐	
☐	**I'M GRATEFUL FOR:**
☐	♥
☐	♥
☐	♥
☐	♥

Notes:

Most Inspiring Quote:

Name of Allah to Reflect On:

JUMADA-I 17, 1441
(SUNDAY, JANUARY 12, 2020)

TASKS:	GOALS:
☐	★
☐	★
☐	★
☐	★
☐	★
☐	★
☐	
☐	**I'M GRATEFUL FOR:**
☐	♥
☐	♥
☐	♥
☐	♥

Notes:

Most Inspiring Quote:

Name of Allah to Reflect On:

JUMADA-I 18, 1441
(MONDAY, JANUARY 13, 2020)

TASKS:	GOALS:
☐	★
☐	★
☐	★
☐	★
☐	★
☐	★
☐	
☐	**I'M GRATEFUL FOR:**
☐	♥
☐	♥
☐	♥
☐	♥

Notes:

Most Inspiring Quote:

Name of Allah to Reflect On:

**JUMADA-I 19, 1441
(TUESDAY, JANUARY 14, 2020)**

TASKS:		GOALS:

- ☐ _____
- ☐ _____
- ☐ _____
- ☐ _____
- ☐ _____
- ☐ _____
- ☐ _____
- ☐ _____
- ☐ _____
- ☐ _____
- ☐ _____
- ☐ _____

★ _____
★ _____
★ _____
★ _____
★ _____

I'M GRATEFUL FOR:

♥ _____
♥ _____
♥ _____
♥ _____

Notes:

Most Inspiring Quote:

Name of Allah to Reflect On:

JUMADA-I 20, 1441
(WEDNESDAY, JANUARY 15, 2020)

TASKS:	GOALS:
☐	★
☐	★
☐	★
☐	★
☐	★
☐	★
☐	
☐	**I'M GRATEFUL FOR:**
☐	♥
☐	♥
☐	♥
☐	♥

Notes:

Most Inspiring Quote:

Name of Allah to Reflect On:

**JUMADA-I 21, 1441
(THURSDAY, JANUARY 16, 2020)**

TASKS:	GOALS:
☐	★
☐	★
☐	★
☐	★
☐	★
☐	★
☐	
☐	**I'M GRATEFUL FOR:**
☐	♥
☐	♥
☐	♥
☐	♥

Notes:

Most Inspiring Quote:

Name of Allah to Reflect On:

**JUMADA-I 22, 1441
(FRIDAY, JANUARY 17, 2020)**

TASKS:	GOALS:
☐	★
☐	★
☐	★
☐	★
☐	★
☐	★
☐	
☐	**I'M GRATEFUL FOR:**
☐	♥
☐	♥
☐	♥
☐	♥

Notes:

Most Inspiring Quote:

Name of Allah to Reflect On:

JUMADA-I 23, 1441
(SATURDAY, JANUARY 18, 2020)

TASKS:	GOALS:
☐	★
☐	★
☐	★
☐	★
☐	★
☐	★
☐	
☐	**I'M GRATEFUL FOR:**
☐	♥
☐	♥
☐	♥
☐	♥

Notes:

Most Inspiring Quote:

Name of Allah to Reflect On:

**JUMADA-I 24, 1441
(SUNDAY, JANUARY 19, 2020)**

TASKS:	GOALS:
☐	★
☐	★
☐	★
☐	★
☐	★
☐	★
☐	
☐	I'M GRATEFUL FOR:
☐	♥
☐	♥
☐	♥
☐	♥

Notes:

Most Inspiring Quote:

Name of Allah to Reflect On:

**JUMADA-I 25, 1441
(MONDAY, JANUARY 20, 2020)**

TASKS:	GOALS:
☐	★
☐	★
☐	★
☐	★
☐	★
☐	★
☐	
☐	**I'M GRATEFUL FOR:**
☐	♥
☐	♥
☐	♥
☐	♥

Notes:

Most Inspiring Quote:

Name of Allah to Reflect On:

**JUMADA-I 26, 1441
(TUESDAY, JANUARY 21, 2020)**

TASKS:	GOALS:
☐	★
☐	★
☐	★
☐	★
☐	★
☐	★
☐	
☐	**I'M GRATEFUL FOR:**
☐	♥
☐	♥
☐	♥
☐	♥

Notes:

Most Inspiring Quote:

Name of Allah to Reflect On:

JUMADA-I 27, 1441
(WEDNESDAY, JANUARY 22, 2020)

TASKS:
☐ _____
☐ _____
☐ _____
☐ _____
☐ _____
☐ _____
☐ _____
☐ _____
☐ _____
☐ _____
☐ _____
☐ _____

GOALS:
★ _____
★ _____
★ _____
★ _____
★ _____

I'M GRATEFUL FOR:
♥ _____
♥ _____
♥ _____
♥ _____

Notes:

Most Inspiring Quote:

Name of Allah to Reflect On:

**JUMADA-I 28, 1441
(THURSDAY, JANUARY 23, 2020)**

TASKS:	GOALS:
☐	★
☐	★
☐	★
☐	★
☐	★
☐	★
☐	
☐	**I'M GRATEFUL FOR:**
☐	♥
☐	♥
☐	♥
☐	♥

Notes:

Most Inspiring Quote:

Name of Allah to Reflect On:

**JUMADA-I 29, 1441
(FRIDAY, JANUARY 24, 2020)**

TASKS:
- ☐
- ☐
- ☐
- ☐
- ☐
- ☐
- ☐
- ☐
- ☐
- ☐
- ☐
- ☐

GOALS:
★
★
★
★
★
★

I'M GRATEFUL FOR:
♥
♥
♥
♥

Notes:

Most Inspiring Quote:

Name of Allah to Reflect On:

JUMADA-I 30, 1441
(SATURDAY, JANUARY 25, 2020)

TASKS:	GOALS:
☐	★
☐	★
☐	★
☐	★
☐	★
☐	★
☐	
☐	**I'M GRATEFUL FOR:**
☐	♥
☐	♥
☐	♥
☐	♥

Notes:

Most Inspiring Quote:

O Allah, bring this month of Jumada II upon us with security, iman, safety, Islam, your pleasure and protection from shaytan.

Name of Allah to Reflect On:

**JUMADA-II 1, 1441
(SUNDAY, JANUARY 26, 2020)**

TASKS:
- [ ]
- [ ]
- [ ]
- [ ]
- [ ]
- [ ]
- [ ]
- [ ]
- [ ]
- [ ]
- [ ]
- [ ]

GOALS:
★
★
★
★
★
★

I'M GRATEFUL FOR:
♥
♥
♥
♥

Notes:

"You become successful when the success of others doesn't bother you." — Papatia Feauxzar

Name of Allah to Reflect On:

JUMADA-II 2, 1441
(MONDAY, JANUARY 27, 2020)

TASKS:
☐ _____
☐ _____
☐ _____
☐ _____
☐ _____
☐ _____
☐ _____
☐ _____
☐ _____
☐ _____
☐ _____
☐ _____

GOALS:
★ _____
★ _____
★ _____
★ _____
★ _____
★ _____

I'M GRATEFUL FOR:
♥ _____
♥ _____
♥ _____
♥ _____

Notes:

Most Inspiring Quote:

Name of Allah to Reflect On:

**JUMADA-II 3, 1441
(TUESDAY, JANUARY 28, 2020)**

TASKS:	GOALS:
☐	★
☐	★
☐	★
☐	★
☐	★
☐	★
☐	
☐	**I'M GRATEFUL FOR:**
☐	♥
☐	♥
☐	♥
☐	♥

Notes:

Most Inspiring Quote:

Name of Allah to Reflect On:

**JUMADA-II 4, 1441
(WEDNESDAY, JANUARY 29, 2020)**

TASKS:	GOALS:
☐ _____	★ _____
☐ _____	★ _____
☐ _____	★ _____
☐ _____	★ _____
☐ _____	★ _____
☐ _____	★ _____
☐ _____	
☐ _____	**I'M GRATEFUL FOR:**
☐ _____	♥ _____
☐ _____	♥ _____
☐ _____	♥ _____
☐ _____	♥ _____

Notes:

Most Inspiring Quote:

Name of Allah to Reflect On:

**JUMADA-II 5, 1441
(THURSDAY, JANUARY 30, 2020)**

TASKS:	GOALS:
☐	★
☐	★
☐	★
☐	★
☐	★
☐	★
☐	
☐	I'M GRATEFUL FOR:
☐	♥
☐	♥
☐	♥
☐	♥

Notes:

Most Inspiring Quote:

Name of Allah to Reflect On:

JUMADA-II 6, 1441
(FRIDAY, JANUARY 31, 2020)

TASKS:	GOALS:
☐	★
☐	★
☐	★
☐	★
☐	★
☐	★
☐	
☐	**I'M GRATEFUL FOR:**
☐	♥
☐	♥
☐	♥
☐	♥

Notes:

Most Inspiring Quote:

Name of Allah to Reflect On:

**JUMADA-II 7, 1441
(SATURDAY, FEBRUARY 1, 2020)**

TASKS:	GOALS:

I'M GRATEFUL FOR:

Notes:

Most Inspiring Quote:

Name of Allah to Reflect On:

JUMADA-II 8, 1441
(SUNDAY, FEBRUARY 2, 2020)

TASKS:	GOALS:
☐ _____	★ _____
☐ _____	★ _____
☐ _____	★ _____
☐ _____	★ _____
☐ _____	★ _____
☐ _____	★ _____
☐ _____	
☐ _____	**I'M GRATEFUL FOR:**
☐ _____	♥ _____
☐ _____	♥ _____
☐ _____	♥ _____
☐ _____	♥ _____

Notes:

Most Inspiring Quote:

Name of Allah to Reflect On:

**JUMADA-II 9, 1441
(MONDAY, FEBRUARY 3, 2020)**

TASKS:	GOALS:
☐	★
☐	★
☐	★
☐	★
☐	★
☐	★
☐	
☐	I'M GRATEFUL FOR:
☐	♥
☐	♥
☐	♥
☐	♥

Notes:

Most Inspiring Quote:

Name of Allah to Reflect On:

JUMADA-II 10, 1441
(TUESDAY, FEBRUARY 4, 2020)

TASKS:
- [ ] _____
- [ ] _____
- [ ] _____
- [ ] _____
- [ ] _____
- [ ] _____
- [ ] _____
- [ ] _____
- [ ] _____
- [ ] _____
- [ ] _____
- [ ] _____

GOALS:
★ _____
★ _____
★ _____
★ _____
★ _____
★ _____

I'M GRATEFUL FOR:
♥ _____
♥ _____
♥ _____
♥ _____

Notes:

Most Inspiring Quote:

Name of Allah to Reflect On:

JUMADA-II 11, 1441
(WEDNESDAY, FEBRUARY 5, 2020)

TASKS:
- ☐ _____
- ☐ _____
- ☐ _____
- ☐ _____
- ☐ _____
- ☐ _____
- ☐ _____
- ☐ _____
- ☐ _____
- ☐ _____
- ☐ _____
- ☐ _____

GOALS:
- ★ _____
- ★ _____
- ★ _____
- ★ _____
- ★ _____
- ★ _____

I'M GRATEFUL FOR:
- ♥ _____
- ♥ _____
- ♥ _____
- ♥ _____

Notes:

Most Inspiring Quote:

Name of Allah to Reflect On:

JUMADA-II 12, 1441
(THURSDAY, FEBRUARY 6, 2020)

TASKS:
- ☐
- ☐
- ☐
- ☐
- ☐
- ☐
- ☐
- ☐
- ☐
- ☐
- ☐
- ☐

GOALS:
- ★
- ★
- ★
- ★
- ★

I'M GRATEFUL FOR:
- ♥
- ♥
- ♥
- ♥

Notes:

Most Inspiring Quote:

Name of Allah to Reflect On:

**JUMADA-II 13, 1441
(FRIDAY, FEBRUARY 7, 2020)**

TASKS:	GOALS:
☐	★
☐	★
☐	★
☐	★
☐	★
☐	★
☐	
☐	**I'M GRATEFUL FOR:**
☐	♥
☐	♥
☐	♥
☐	♥

Notes:

Most Inspiring Quote:

Name of Allah to Reflect On:

JUMADA-II 14, 1441
(SATURDAY, FEBRUARY 8, 2020)

TASKS:	GOALS:
☐	★
☐	★
☐	★
☐	★
☐	★
☐	★
☐	
☐	**I'M GRATEFUL FOR:**
☐	♥
☐	♥
☐	♥
☐	♥

Notes:

Most Inspiring Quote:

Name of Allah to Reflect On:

**JUMADA-II 15, 1441
(SUNDAY, FEBRUARY 9, 2020)**

TASKS:	GOALS:
☐	★
☐	★
☐	★
☐	★
☐	★
☐	★
☐	
☐	**I'M GRATEFUL FOR:**
☐	♥
☐	♥
☐	♥
☐	♥

Notes:

Most Inspiring Quote:

Name of Allah to Reflect On:

**JUMADA-II 16, 1441
(MONDAY, FEBRUARY 10, 2020)**

TASKS:	GOALS:
☐	★
☐	★
☐	★
☐	★
☐	★
☐	★
☐	
☐	**I'M GRATEFUL FOR:**
☐	♥
☐	♥
☐	♥
☐	♥

Notes:

Most Inspiring Quote:

Name of Allah to Reflect On:

**JUMADA-II 17, 1441
(TUESDAY, FEBRUARY 11, 2020)**

TASKS:	GOALS:
☐	★
☐	★
☐	★
☐	★
☐	★
☐	★
☐	
☐	**I'M GRATEFUL FOR:**
☐	♥
☐	♥
☐	♥
☐	♥

Notes:

Most Inspiring Quote:

Name of Allah to Reflect On:

**JUMADA-II 18, 1441
(WEDNESDAY, FEBRUARY 12, 2020)**

TASKS:	GOALS:
☐ _____	★ _____
☐ _____	★ _____
☐ _____	★ _____
☐ _____	★ _____
☐ _____	★ _____
☐ _____	★ _____
☐ _____	
☐ _____	**I'M GRATEFUL FOR:**
☐ _____	♥ _____
☐ _____	♥ _____
☐ _____	♥ _____
☐ _____	♥ _____

Notes:

Most Inspiring Quote:

Name of Allah to Reflect On:

**JUMADA-II 19, 1441
(THURSDAY, FEBRUARY 13, 2020)**

TASKS:
-
-
-
-
-
-
-
-
-
-
-
-

GOALS:
★
★
★
★
★
★

I'M GRATEFUL FOR:
♥
♥
♥
♥

Notes:

Most Inspiring Quote:

Name of Allah to Reflect On:

**JUMADA-II 20, 1441
(FRIDAY, FEBRUARY 14, 2020)**

TASKS:
- ☐ _____
- ☐ _____
- ☐ _____
- ☐ _____
- ☐ _____
- ☐ _____
- ☐ _____
- ☐ _____
- ☐ _____
- ☐ _____
- ☐ _____
- ☐ _____

GOALS:
- ★ _____
- ★ _____
- ★ _____
- ★ _____
- ★ _____

I'M GRATEFUL FOR:
- ♥ _____
- ♥ _____
- ♥ _____
- ♥ _____

Notes:

Most Inspiring Quote:

Name of Allah to Reflect On:

**JUMADA-II 21, 1441
(SATURDAY, FEBRUARY 15, 2020)**

TASKS:
- ☐
- ☐
- ☐
- ☐
- ☐
- ☐
- ☐
- ☐
- ☐
- ☐
- ☐
- ☐

GOALS:
- ★
- ★
- ★
- ★
- ★
- ★

I'M GRATEFUL FOR:
- ♥
- ♥
- ♥
- ♥

Notes:

Most Inspiring Quote:

Name of Allah to Reflect On:

JUMADA-II 22, 1441
(SUNDAY, FEBRUARY 16, 2020)

TASKS:
- [ ]
- [ ]
- [ ]
- [ ]
- [ ]
- [ ]
- [ ]
- [ ]
- [ ]
- [ ]
- [ ]
- [ ]

GOALS:
★
★
★
★
★
★

I'M GRATEFUL FOR:
♥
♥
♥
♥

Notes:

Most Inspiring Quote:

Name of Allah to Reflect On:

**JUMADA-II 23, 1441
(MONDAY, FEBRUARY 17, 2020)**

TASKS:	GOALS:
☐	★
☐	★
☐	★
☐	★
☐	★
☐	★
☐	
☐	**I'M GRATEFUL FOR:**
☐	♥
☐	♥
☐	♥
☐	♥

Notes:

Most Inspiring Quote:

Name of Allah to Reflect On:

JUMADA-II 24, 1441
(TUESDAY, FEBRUARY 18, 2020)

TASKS:
- [ ]
- [ ]
- [ ]
- [ ]
- [ ]
- [ ]
- [ ]
- [ ]
- [ ]
- [ ]
- [ ]
- [ ]

GOALS:
★
★
★
★
★
★

I'M GRATEFUL FOR:
♥
♥
♥
♥

Notes:

Most Inspiring Quote:

Name of Allah to Reflect On:

JUMADA-II 25, 1441
(WEDNESDAY, FEBRUARY 19, 2020)

TASKS:	GOALS:
☐	★
☐	★
☐	★
☐	★
☐	★
☐	★
☐	
☐	**I'M GRATEFUL FOR:**
☐	♥
☐	♥
☐	♥
☐	♥

Notes:

Most Inspiring Quote:

Name of Allah to Reflect On:

**JUMADA-II 26, 1441
(THURSDAY, FEBRUARY 20, 2020)**

TASKS:
- ☐
- ☐
- ☐
- ☐
- ☐
- ☐
- ☐
- ☐
- ☐
- ☐
- ☐
- ☐

GOALS:
- ★
- ★
- ★
- ★
- ★

I'M GRATEFUL FOR:
- ♥
- ♥
- ♥
- ♥

Notes:

Most Inspiring Quote:

Name of Allah to Reflect On:

**JUMADA-II 27, 1441
(FRIDAY, FEBRUARY 21, 2020)**

TASKS:	GOALS:
☐	★
☐	★
☐	★
☐	★
☐	★
☐	★
☐	
☐	**I'M GRATEFUL FOR:**
☐	♥
☐	♥
☐	♥
☐	♥

Notes:

Most Inspiring Quote:

Name of Allah to Reflect On:

JUMADA-II 28, 1441
(SATURDAY, FEBRUARY 22, 2020)

TASKS:	GOALS:
☐	★
☐	★
☐	★
☐	★
☐	★
☐	★
☐	
☐	**I'M GRATEFUL FOR:**
☐	♥
☐	♥
☐	♥
☐	♥

Notes:

Most Inspiring Quote:

Name of Allah to Reflect On:

**JUMADA-II 29, 1441
(SUNDAY, FEBRUARY 23, 2020)**

TASKS:
- ☐ _____
- ☐ _____
- ☐ _____
- ☐ _____
- ☐ _____
- ☐ _____
- ☐ _____
- ☐ _____
- ☐ _____
- ☐ _____
- ☐ _____
- ☐ _____

GOALS:
- ★ _____
- ★ _____
- ★ _____
- ★ _____
- ★ _____
- ★ _____

I'M GRATEFUL FOR:
- ♥ _____
- ♥ _____
- ♥ _____
- ♥ _____

Notes:

Most Inspiring Quote:

O Allah, bring this month of Rajab upon us with security, iman, safety, Islam, your pleasure and protection from shaytan.

Name of Allah to Reflect On:

**RAJAB 1, 1441
(MONDAY, FEBRUARY 24, 2020)**

TASKS:	GOALS:
☐	★
☐	★
☐	★
☐	★
☐	★
☐	★
☐	
☐	**I'M GRATEFUL FOR:**
☐	♥
☐	♥
☐	♥
☐	♥

Notes:

"Many doors you will knock at won't open for one reason; there are too small. Allah intends you to go knock at the biggest door made just for YOU. Keep looking, it's out there." — Fofky

Name of Allah to Reflect On:

RAJAB 2, 1441
(TUESDAY, FEBRUARY 25, 2020)

TASKS:	GOALS:
☐ _____	★ _____
☐ _____	★ _____
☐ _____	★ _____
☐ _____	★ _____
☐ _____	★ _____
☐ _____	★ _____
☐ _____	
☐ _____	**I'M GRATEFUL FOR:**
☐ _____	♥ _____
☐ _____	♥ _____
☐ _____	♥ _____
☐ _____	♥ _____

Notes:

Most Inspiring Quote:

Name of Allah to Reflect On:

RAJAB 3, 1441
(WEDNESDAY, FEBRUARY 26, 2020)

TASKS:	GOALS:
☐	★
☐	★
☐	★
☐	★
☐	★
☐	★
☐	
☐	I'M GRATEFUL FOR:
☐	♥
☐	♥
☐	♥
☐	♥

Notes:

Most Inspiring Quote:

Name of Allah to Reflect On:

RAJAB 4, 1441
(THURSDAY, FEBRUARY 27, 2020)

TASKS:
- [ ]
- [ ]
- [ ]
- [ ]
- [ ]
- [ ]
- [ ]
- [ ]
- [ ]
- [ ]
- [ ]
- [ ]

GOALS:
★
★
★
★
★

I'M GRATEFUL FOR:
♥
♥
♥
♥

Notes:

Most Inspiring Quote:

Name of Allah to Reflect On:

**RAJAB 5, 1441
(FRIDAY, FEBRUARY 28, 2020)**

TASKS:	GOALS:
☐	★
☐	★
☐	★
☐	★
☐	★
☐	★
☐	
☐	**I'M GRATEFUL FOR:**
☐	♥
☐	♥
☐	♥
☐	♥

Notes:

Most Inspiring Quote:

Name of Allah to Reflect On:

RAJAB 6, 1441
(SATURDAY, FEBRUARY 29, 2020)

TASKS:	GOALS:
☐	★
☐	★
☐	★
☐	★
☐	★
☐	★
☐	
☐	**I'M GRATEFUL FOR:**
☐	♥
☐	♥
☐	♥
☐	♥

Notes:

Most Inspiring Quote:

Name of Allah to Reflect On:

**RAJAB 7, 1441
(SUNDAY, MARCH 1, 2020)**

TASKS:
- ☐ _____
- ☐ _____
- ☐ _____
- ☐ _____
- ☐ _____
- ☐ _____
- ☐ _____
- ☐ _____
- ☐ _____
- ☐ _____
- ☐ _____

GOALS:
- ★ _____
- ★ _____
- ★ _____
- ★ _____
- ★ _____
- ★ _____

I'M GRATEFUL FOR:
- ♥ _____
- ♥ _____
- ♥ _____
- ♥ _____

Notes:

Most Inspiring Quote:

Name of Allah to Reflect On:

RAJAB 8, 1441
(MONDAY, MARCH 2, 2020)

TASKS:
- ☐ _____
- ☐ _____
- ☐ _____
- ☐ _____
- ☐ _____
- ☐ _____
- ☐ _____
- ☐ _____
- ☐ _____
- ☐ _____
- ☐ _____
- ☐ _____

GOALS:
- ★ _____
- ★ _____
- ★ _____
- ★ _____
- ★ _____

I'M GRATEFUL FOR:
- ♥ _____
- ♥ _____
- ♥ _____
- ♥ _____

Notes:

Most Inspiring Quote:

Name of Allah to Reflect On:

**RAJAB 9, 1441
(TUESDAY, MARCH 3, 2020)**

TASKS:	GOALS:
☐ _____	★ _____
☐ _____	★ _____
☐ _____	★ _____
☐ _____	★ _____
☐ _____	★ _____
☐ _____	★ _____
☐ _____	
☐ _____	**I'M GRATEFUL FOR:**
☐ _____	♥ _____
☐ _____	♥ _____
☐ _____	♥ _____
☐ _____	♥ _____

Notes:

Most Inspiring Quote:

Name of Allah to Reflect On:

**RAJAB 10, 1441
(WEDNESDAY, MARCH 4, 2020)**

TASKS:
- ☐ _____
- ☐ _____
- ☐ _____
- ☐ _____
- ☐ _____
- ☐ _____
- ☐ _____
- ☐ _____
- ☐ _____
- ☐ _____
- ☐ _____
- ☐ _____

GOALS:
- ★ _____
- ★ _____
- ★ _____
- ★ _____
- ★ _____
- ★ _____

I'M GRATEFUL FOR:
- ♥ _____
- ♥ _____
- ♥ _____
- ♥ _____

Notes:

Most Inspiring Quote:

Name of Allah to Reflect On:

**RAJAB 11, 1441
(THURSDAY, MARCH 5, 2020)**

TASKS:	GOALS:
☐	★
☐	★
☐	★
☐	★
☐	★
☐	★
☐	
☐	I'M GRATEFUL FOR:
☐	♥
☐	♥
☐	♥
☐	♥

Notes:

Most Inspiring Quote:

Name of Allah to Reflect On:

RAJAB 12, 1441
(FRIDAY, MARCH 6, 2020)

TASKS:	GOALS:
☐	★
☐	★
☐	★
☐	★
☐	★
☐	★
☐	
☐	**I'M GRATEFUL FOR:**
☐	♥
☐	♥
☐	♥
☐	♥

Notes:

Most Inspiring Quote:

Name of Allah to Reflect On:

**RAJAB 13, 1441
(SATURDAY, MARCH 7, 2020)**

TASKS:
- [ ]
- [ ]
- [ ]
- [ ]
- [ ]
- [ ]
- [ ]
- [ ]
- [ ]
- [ ]
- [ ]
- [ ]

GOALS:
★
★
★
★
★
★

I'M GRATEFUL FOR:
♥
♥
♥
♥

Notes:

Most Inspiring Quote:

Name of Allah to Reflect On:

**RAJAB 14, 1441
(SUNDAY, MARCH 8, 2020)**

TASKS:	GOALS:
☐	★
☐	★
☐	★
☐	★
☐	★
☐	★
☐	
☐	**I'M GRATEFUL FOR:**
☐	♥
☐	♥
☐	♥
☐	♥

Notes:

Most Inspiring Quote:

Name of Allah to Reflect On:

**RAJAB 15, 1441
(MONDAY, MARCH 9, 2020)**

TASKS:	GOALS:
☐ _____	★ _____
☐ _____	★ _____
☐ _____	★ _____
☐ _____	★ _____
☐ _____	★ _____
☐ _____	★ _____
☐ _____	
☐ _____	**I'M GRATEFUL FOR:**
☐ _____	♥ _____
☐ _____	♥ _____
☐ _____	♥ _____
☐ _____	♥ _____

Notes:

Most Inspiring Quote:

Name of Allah to Reflect On:

RAJAB 16, 1441
(TUESDAY, MARCH 10, 2020)

TASKS:	GOALS:
☐	★
☐	★
☐	★
☐	★
☐	★
☐	★
☐	
☐	**I'M GRATEFUL FOR:**
☐	♥
☐	♥
☐	♥
☐	♥

Notes:

Most Inspiring Quote:

Name of Allah to Reflect On:

**RAJAB 17, 1441
(WEDNESDAY, MARCH 11, 2020)**

TASKS:
- ☐ _____
- ☐ _____
- ☐ _____
- ☐ _____
- ☐ _____
- ☐ _____
- ☐ _____
- ☐ _____
- ☐ _____
- ☐ _____
- ☐ _____
- ☐ _____

GOALS:
- ★ _____
- ★ _____
- ★ _____
- ★ _____
- ★ _____
- ★ _____

I'M GRATEFUL FOR:
- ♥ _____
- ♥ _____
- ♥ _____
- ♥ _____

Notes:

Most Inspiring Quote:

Name of Allah to Reflect On:

RAJAB 18, 1441
(THURSDAY, MARCH 12, 2020)

TASKS:	GOALS:
☐ _____	★ _____
☐ _____	★ _____
☐ _____	★ _____
☐ _____	★ _____
☐ _____	★ _____
☐ _____	★ _____
☐ _____	
☐ _____	**I'M GRATEFUL FOR:**
☐ _____	♥ _____
☐ _____	♥ _____
☐ _____	♥ _____
☐ _____	♥ _____

Notes:

Most Inspiring Quote:

Name of Allah to Reflect On:

RAJAB 19, 1441
(FRIDAY, MARCH 13, 2020)

TASKS:	GOALS:
☐ _____	★ _____
☐ _____	★ _____
☐ _____	★ _____
☐ _____	★ _____
☐ _____	★ _____
☐ _____	★ _____
☐ _____	
☐ _____	**I'M GRATEFUL FOR:**
☐ _____	♥ _____
☐ _____	♥ _____
☐ _____	♥ _____
☐ _____	♥ _____

Notes:

Most Inspiring Quote:

Name of Allah to Reflect On:

**RAJAB 20, 1441
(SATURDAY, MARCH 14, 2020)**

TASKS:	GOALS:
☐ _____	★ _____
☐ _____	★ _____
☐ _____	★ _____
☐ _____	★ _____
☐ _____	★ _____
☐ _____	★ _____
☐ _____	
☐ _____	**I'M GRATEFUL FOR:**
☐ _____	♥ _____
☐ _____	♥ _____
☐ _____	♥ _____
☐ _____	♥ _____

Notes:

Most Inspiring Quote:

Name of Allah to Reflect On:

**RAJAB 21, 1441
(SUNDAY, MARCH 15, 2020)**

TASKS:	GOALS:
☐	★
☐	★
☐	★
☐	★
☐	★
☐	★
☐	
☐	**I'M GRATEFUL FOR:**
☐	♥
☐	♥
☐	♥
☐	♥

Notes:

Most Inspiring Quote:

Name of Allah to Reflect On:

RAJAB 22, 1441
(MONDAY, MARCH 16, 2020)

TASKS:	GOALS:
☐	★
☐	★
☐	★
☐	★
☐	★
☐	★
☐	
☐	**I'M GRATEFUL FOR:**
☐	♥
☐	♥
☐	♥
☐	♥

Notes:

Most Inspiring Quote:

Name of Allah to Reflect On:

**RAJAB 23, 1441
(TUESDAY, MARCH 17, 2020)**

TASKS:
- [ ]
- [ ]
- [ ]
- [ ]
- [ ]
- [ ]
- [ ]
- [ ]
- [ ]
- [ ]
- [ ]
- [ ]

GOALS:
★
★
★
★
★
★

I'M GRATEFUL FOR:
♥
♥
♥
♥

Notes:

Most Inspiring Quote:

Name of Allah to Reflect On:

RAJAB 24, 1441
(WEDNESDAY, MARCH 18, 2020)

TASKS:	GOALS:
☐	★
☐	★
☐	★
☐	★
☐	★
☐	★
☐	
☐	**I'M GRATEFUL FOR:**
☐	♥
☐	♥
☐	♥
☐	♥

Notes:

Most Inspiring Quote:

Name of Allah to Reflect On:

**RAJAB 25, 1441
(THURSDAY, MARCH 19, 2020)**

TASKS:
- ☐ _____
- ☐ _____
- ☐ _____
- ☐ _____
- ☐ _____
- ☐ _____
- ☐ _____
- ☐ _____
- ☐ _____
- ☐ _____
- ☐ _____
- ☐ _____

GOALS:
- ★ _____
- ★ _____
- ★ _____
- ★ _____
- ★ _____
- ★ _____

I'M GRATEFUL FOR:
- ♥ _____
- ♥ _____
- ♥ _____
- ♥ _____

Notes:

Most Inspiring Quote:

Name of Allah to Reflect On:

**RAJAB 26, 1441
(FRIDAY, MARCH 20, 2020)**

TASKS:	GOALS:
☐	★
☐	★
☐	★
☐	★
☐	★
☐	★
☐	
☐	**I'M GRATEFUL FOR:**
☐	♥
☐	♥
☐	♥
☐	♥

Notes:

Most Inspiring Quote:

Name of Allah to Reflect On:

**RAJAB 27, 1441
(SATURDAY, MARCH 21, 2020)**

TASKS:	GOALS:
☐ _____	★ _____
☐ _____	★ _____
☐ _____	★ _____
☐ _____	★ _____
☐ _____	★ _____
☐ _____	★ _____
☐ _____	
☐ _____	**I'M GRATEFUL FOR:**
☐ _____	♥ _____
☐ _____	♥ _____
☐ _____	♥ _____
☐ _____	♥ _____

Notes:

Most Inspiring Quote:

Name of Allah to Reflect On:

**RAJAB 28, 1441
(SUNDAY, MARCH 22, 2020)**

TASKS:	GOALS:
☐	★
☐	★
☐	★
☐	★
☐	★
☐	★
☐	
☐	**I'M GRATEFUL FOR:**
☐	♥
☐	♥
☐	♥
☐	♥

Event: Miraj

Notes:

Most Inspiring Quote:

Name of Allah to Reflect On:

**RAJAB 29, 1441
(MONDAY, MARCH 23, 2020)**

TASKS:
- ☐ _____
- ☐ _____
- ☐ _____
- ☐ _____
- ☐ _____
- ☐ _____
- ☐ _____
- ☐ _____
- ☐ _____
- ☐ _____
- ☐ _____
- ☐ _____

GOALS:
- ★ _____
- ★ _____
- ★ _____
- ★ _____
- ★ _____
- ★ _____

I'M GRATEFUL FOR:
- ♥ _____
- ♥ _____
- ♥ _____
- ♥ _____

Notes:

Most Inspiring Quote:

Name of Allah to Reflect On:

**RAJAB 30, 1441
(TUESDAY, MARCH 24, 2020)**

TASKS:	GOALS:
☐	★
☐	★
☐	★
☐	★
☐	★
☐	★
☐	
☐	**I'M GRATEFUL FOR:**
☐	♥
☐	♥
☐	♥
☐	♥

Notes:

Most Inspiring Quote:

O Allah, bring this month of Shaban upon us with security, iman, safety, Islam, your pleasure and protection from shaytan.

Name of Allah to Reflect On:

**SHABAN 1, 1441
(WEDNESDAY, MARCH 25, 2020)**

TASKS:	GOALS:
☐	★
☐	★
☐	★
☐	★
☐	★
☐	★
☐	
☐	**I'M GRATEFUL FOR:**
☐	♥
☐	♥
☐	♥
☐	♥

Notes:

"Don't bite at the bait set by repeating narcissists, rude people, manipulators, and ingrates. Simply put, be no one's fool." — Fofky

Name of Allah to Reflect On:

**SHABAN 2, 1441
(THURSDAY, MARCH 26, 2020)**

TASKS:

GOALS:

I'M GRATEFUL FOR:

Notes:

Most Inspiring Quote:

Name of Allah to Reflect On:

SHABAN 3, 1441
(FRIDAY, MARCH 27, 2020)

TASKS:	GOALS:
☐	★
☐	★
☐	★
☐	★
☐	★
☐	★
☐	
☐	**I'M GRATEFUL FOR:**
☐	♥
☐	♥
☐	♥
☐	♥

Notes:

Most Inspiring Quote:

Name of Allah to Reflect On:

**SHABAN 4, 1441
(SATURDAY, MARCH 28, 2020)**

TASKS:	GOALS:
☐	★
☐	★
☐	★
☐	★
☐	★
☐	★
☐	
☐	**I'M GRATEFUL FOR:**
☐	♥
☐	♥
☐	♥
☐	♥

Notes:

Most Inspiring Quote:

Name of Allah to Reflect On:

**SHABAN 5, 1441
(SUNDAY, MARCH 29, 2020)**

TASKS:	GOALS:
☐	★
☐	★
☐	★
☐	★
☐	★
☐	★
☐	
☐	**I'M GRATEFUL FOR:**
☐	♥
☐	♥
☐	♥
☐	♥

Notes:

Most Inspiring Quote:

Name of Allah to Reflect On:

**SHABAN 6, 1441
(MONDAY, MARCH 30, 2020)**

TASKS:	GOALS:
☐	★
☐	★
☐	★
☐	★
☐	★
☐	★
☐	
☐	**I'M GRATEFUL FOR:**
☐	♥
☐	♥
☐	♥
☐	♥

Notes:

Most Inspiring Quote:

Name of Allah to Reflect On:

**SHABAN 7, 1441
(TUESDAY, MARCH 31, 2020)**

TASKS:	GOALS:
☐	★
☐	★
☐	★
☐	★
☐	★
☐	★
☐	
☐	**I'M GRATEFUL FOR:**
☐	♥
☐	♥
☐	♥
☐	♥

Notes:

Most Inspiring Quote:

Name of Allah to Reflect On:

**SHABAN 8, 1441
(WEDNESDAY, APRIL 1, 2020)**

TASKS:
-
-
-
-
-
-
-
-
-
-
-
-

GOALS:
★
★
★
★
★
★

I'M GRATEFUL FOR:
♥
♥
♥
♥

Notes:

Most Inspiring Quote:

Name of Allah to Reflect On:

**SHABAN 9, 1441
(THURSDAY, APRIL 2, 2020)**

TASKS:		GOALS:
☐	★	
☐	★	
☐	★	
☐	★	
☐	★	
☐	★	
☐		

I'M GRATEFUL FOR:

☐ ♥
☐ ♥
☐ ♥
☐ ♥

Notes:

Most Inspiring Quote:

Name of Allah to Reflect On:

**SHABAN 10, 1441
(FRIDAY, APRIL 3, 2020)**

TASKS:	GOALS:
☐	★
☐	★
☐	★
☐	★
☐	★
☐	★
☐	
☐	**I'M GRATEFUL FOR:**
☐	♥
☐	♥
☐	♥
☐	♥

Notes:

Most Inspiring Quote:

Name of Allah to Reflect On:

SHABAN 11, 1441
(SATURDAY, APRIL 4, 2020)

TASKS:	GOALS:
☐	★
☐	★
☐	★
☐	★
☐	★
☐	★
☐	
☐	**I'M GRATEFUL FOR:**
☐	♥
☐	♥
☐	♥
☐	♥

Notes:

Most Inspiring Quote:

Name of Allah to Reflect On:

**SHABAN 12, 1441
(SUNDAY, APRIL 5, 2020)**

TASKS:	GOALS:
☐	★
☐	★
☐	★
☐	★
☐	★
☐	★
☐	
☐	**I'M GRATEFUL FOR:**
☐	♥
☐	♥
☐	♥
☐	♥

Notes:

Most Inspiring Quote:

Name of Allah to Reflect On:

**SHABAN 13, 1441
(MONDAY, APRIL 6, 2020)**

TASKS:
- ☐ _____
- ☐ _____
- ☐ _____
- ☐ _____
- ☐ _____
- ☐ _____
- ☐ _____
- ☐ _____
- ☐ _____
- ☐ _____
- ☐ _____
- ☐ _____

GOALS:
- ★ _____
- ★ _____
- ★ _____
- ★ _____
- ★ _____
- ★ _____

I'M GRATEFUL FOR:
- ♥ _____
- ♥ _____
- ♥ _____
- ♥ _____

Notes:

Most Inspiring Quote:

Name of Allah to Reflect On:

**SHABAN 14, 1441
(TUESDAY, APRIL 7, 2020)**

TASKS:	GOALS:
☐ _____	★ _____
☐ _____	★ _____
☐ _____	★ _____
☐ _____	★ _____
☐ _____	★ _____
☐ _____	★ _____
☐ _____	
☐ _____	**I'M GRATEFUL FOR:**
☐ _____	♥ _____
☐ _____	♥ _____
☐ _____	♥ _____
☐ _____	♥ _____

Notes:

Most Inspiring Quote:

Name of Allah to Reflect On:

SHABAN 15, 1441
(WEDNESDAY, APRIL 8, 2020)

TASKS:	GOALS:
☐	★
☐	★
☐	★
☐	★
☐	★
☐	★
☐	
☐	**I'M GRATEFUL FOR:**
☐	♥
☐	♥
☐	♥
☐	♥

Event: Lailat-ul-Barat

Notes:

Most Inspiring Quote:

Name of Allah to Reflect On:

**SHABAN 16, 1441
(THURSDAY, APRIL 9, 2020)**

TASKS:	GOALS:
☐	★
☐	★
☐	★
☐	★
☐	★
☐	★
☐	
☐	I'M GRATEFUL FOR:
☐	♥
☐	♥
☐	♥
☐	♥

Notes:

Most Inspiring Quote:

Name of Allah to Reflect On:

**SHABAN 17, 1441
(FRIDAY, APRIL 10, 2020)**

TASKS:		GOALS:
☐		★
☐		★
☐		★
☐		★
☐		★
☐		★
☐		
☐		**I'M GRATEFUL FOR:**
☐		♥
☐		♥
☐		♥
☐		♥

Notes:

Most Inspiring Quote:

Name of Allah to Reflect On:

**SHABAN 18, 1441
(SATURDAY, APRIL 11, 2020)**

TASKS:	GOALS:
☐	★
☐	★
☐	★
☐	★
☐	★
☐	★
☐	
☐	**I'M GRATEFUL FOR:**
☐	♥
☐	♥
☐	♥
☐	♥

Notes:

Most Inspiring Quote:

Name of Allah to Reflect On:

**SHABAN 19, 1441
(SUNDAY, APRIL 12, 2020)**

TASKS:	GOALS:
☐	★
☐	★
☐	★
☐	★
☐	★
☐	★
☐	
☐	**I'M GRATEFUL FOR:**
☐	♥
☐	♥
☐	♥
☐	♥

Notes:

Most Inspiring Quote:

Name of Allah to Reflect On:

SHABAN 20, 1441
(MONDAY, APRIL 13, 2020)

TASKS:	GOALS:
☐	★
☐	★
☐	★
☐	★
☐	★
☐	★
☐	
☐	**I'M GRATEFUL FOR:**
☐	♥
☐	♥
☐	♥
☐	♥

Notes:

Most Inspiring Quote:

Name of Allah to Reflect On:

SHABAN 21, 1441
(TUESDAY, APRIL 14, 2020)

TASKS:	GOALS:
☐ _____	★ _____
☐ _____	★ _____
☐ _____	★ _____
☐ _____	★ _____
☐ _____	★ _____
☐ _____	★ _____
☐ _____	
☐ _____	**I'M GRATEFUL FOR:**
☐ _____	♥ _____
☐ _____	♥ _____
☐ _____	♥ _____
☐ _____	♥ _____

Notes:

Most Inspiring Quote:

Name of Allah to Reflect On:

**SHABAN 22, 1441
(WEDNESDAY, APRIL 15, 2020)**

TASKS:
- ☐ _____
- ☐ _____
- ☐ _____
- ☐ _____
- ☐ _____
- ☐ _____
- ☐ _____
- ☐ _____
- ☐ _____
- ☐ _____
- ☐ _____
- ☐ _____

GOALS:
- ★ _____
- ★ _____
- ★ _____
- ★ _____
- ★ _____
- ★ _____

I'M GRATEFUL FOR:
- ♥ _____
- ♥ _____
- ♥ _____
- ♥ _____

Notes:

Most Inspiring Quote:

Name of Allah to Reflect On:

**SHABAN 23, 1441
(THURSDAY, APRIL 16, 2020)**

TASKS:	GOALS:
☐	★
☐	★
☐	★
☐	★
☐	★
☐	★
☐	
☐	**I'M GRATEFUL FOR:**
☐	♥
☐	♥
☐	♥
☐	♥

Notes:

Most Inspiring Quote:

Name of Allah to Reflect On:

**SHABAN 24, 1441
(FRIDAY, APRIL 17, 2020)**

TASKS:
- [ ]
- [ ]
- [ ]
- [ ]
- [ ]
- [ ]
- [ ]
- [ ]
- [ ]
- [ ]
- [ ]
- [ ]

GOALS:
- ★
- ★
- ★
- ★
- ★
- ★

I'M GRATEFUL FOR:
- ♥
- ♥
- ♥
- ♥

Notes:

Most Inspiring Quote:

Name of Allah to Reflect On:

SHABAN 25, 1441
(SATURDAY, APRIL 18, 2020)

TASKS:	GOALS:
☐	★
☐	★
☐	★
☐	★
☐	★
☐	★
☐	
☐	**I'M GRATEFUL FOR:**
☐	♥
☐	♥
☐	♥
☐	♥

Notes:

Most Inspiring Quote:

Name of Allah to Reflect On:

**SHABAN 26, 1441
(SUNDAY, APRIL 19, 2020)**

TASKS:	GOALS:
☐	★
☐	★
☐	★
☐	★
☐	★
☐	★
☐	
☐	**I'M GRATEFUL FOR:**
☐	♥
☐	♥
☐	♥
☐	♥

Notes:

Most Inspiring Quote:

Name of Allah to Reflect On:

SHABAN 27, 1441
(MONDAY, APRIL 20, 2020)

TASKS:
- [ ]
- [ ]
- [ ]
- [ ]
- [ ]
- [ ]
- [ ]
- [ ]
- [ ]
- [ ]
- [ ]
- [ ]

GOALS:
★
★
★
★
★
★

I'M GRATEFUL FOR:
♥
♥
♥
♥

Notes:

Most Inspiring Quote:

Name of Allah to Reflect On:

**SHABAN 28, 1441
(TUESDAY, APRIL 21, 2020)**

TASKS:	GOALS:
☐	★
☐	★
☐	★
☐	★
☐	★
☐	★
☐	
☐	**I'M GRATEFUL FOR:**
☐	♥
☐	♥
☐	♥
☐	♥

Notes:

Most Inspiring Quote:

Name of Allah to Reflect On:

**SHABAN 29, 1441
(WEDNESDAY, APRIL 22, 2020)**

TASKS:	GOALS:
☐	★
☐	★
☐	★
☐	★
☐	★
☐	★
☐	
☐	**I'M GRATEFUL FOR:**
☐	♥
☐	♥
☐	♥
☐	♥

Notes:

Most Inspiring Quote:

O Allah, bring this month of Ramadan upon us with security, iman, safety, Islam, your pleasure and protection from shaytan.

Name of Allah to Reflect On:

**RAMADAN 1, 1441
(THURSDAY, APRIL 23, 2020)**

TASKS:	GOALS:
☐	★
☐	★
☐	★
☐	★
☐	★
☐	★
☐	
☐	**I'M GRATEFUL FOR:**
☐	♥
☐	♥
☐	♥
☐	♥

Notes:

"What you seek is already in front of you. Quit looking somewhere else or searching far. It's staring right back at you. Just look closely." — Fofky

Name of Allah to Reflect On:

RAMADAN 2, 1441
(FRIDAY, APRIL 24, 2020)

TASKS:
- ☐ _____
- ☐ _____
- ☐ _____
- ☐ _____
- ☐ _____
- ☐ _____
- ☐ _____
- ☐ _____
- ☐ _____
- ☐ _____
- ☐ _____

GOALS:
- ★ _____
- ★ _____
- ★ _____
- ★ _____
- ★ _____
- ★ _____

I'M GRATEFUL FOR:
- ♥ _____
- ♥ _____
- ♥ _____
- ♥ _____

Notes:

Most Inspiring Quote:

Name of Allah to Reflect On:

**RAMADAN 3, 1441
(SATURDAY, APRIL 25, 2020)**

TASKS:	GOALS:
☐	★
☐	★
☐	★
☐	★
☐	★
☐	★
☐	
☐	**I'M GRATEFUL FOR:**
☐	♥
☐	♥
☐	♥
☐	♥

Notes:

Most Inspiring Quote:

Name of Allah to Reflect On:

**RAMADAN 4, 1441
(SUNDAY, APRIL 26, 2020)**

TASKS:	GOALS:
☐	★
☐	★
☐	★
☐	★
☐	★
☐	★
☐	
☐	**I'M GRATEFUL FOR:**
☐	♥
☐	♥
☐	♥
☐	♥

Notes:

Most Inspiring Quote:

Name of Allah to Reflect On:

RAMADAN 5, 1441
(MONDAY, APRIL 27, 2020)

TASKS:
- ☐
- ☐
- ☐
- ☐
- ☐
- ☐
- ☐
- ☐
- ☐
- ☐
- ☐
- ☐

GOALS:
★
★
★
★
★
★

I'M GRATEFUL FOR:
♥
♥
♥
♥

Notes:

Most Inspiring Quote:

Name of Allah to Reflect On:

RAMADAN 6, 1441
(TUESDAY, APRIL 28, 2020)

TASKS:	GOALS:
☐	★
☐	★
☐	★
☐	★
☐	★
☐	★
☐	
☐	**I'M GRATEFUL FOR:**
☐	♥
☐	♥
☐	♥
☐	♥

Notes:

Most Inspiring Quote:

Name of Allah to Reflect On:

**RAMADAN 7, 1441
(WEDNESDAY, APRIL 29, 2020)**

TASKS:	GOALS:
☐	★
☐	★
☐	★
☐	★
☐	★
☐	★
☐	
☐	**I'M GRATEFUL FOR:**
☐	♥
☐	♥
☐	♥
☐	♥

Notes:

Most Inspiring Quote:

Name of Allah to Reflect On:

**RAMADAN 8, 1441
(THURSDAY, APRIL 30, 2020)**

TASKS:	GOALS:
☐	★
☐	★
☐	★
☐	★
☐	★
☐	★
☐	
☐	I'M GRATEFUL FOR:
☐	♥
☐	♥
☐	♥
☐	♥

Notes:

Most Inspiring Quote:

Name of Allah to Reflect On:

RAMADAN 9, 1441
(FRIDAY, MAY 1, 2020)

TASKS:	GOALS:
☐	★
☐	★
☐	★
☐	★
☐	★
☐	★
☐	
☐	**I'M GRATEFUL FOR:**
☐	♥
☐	♥
☐	♥
☐	♥

Notes:

Most Inspiring Quote:

Name of Allah to Reflect On:

RAMADAN 10, 1441
(SATURDAY, MAY 2, 2020)

TASKS:	GOALS:
☐	★
☐	★
☐	★
☐	★
☐	★
☐	★
☐	
☐	**I'M GRATEFUL FOR:**
☐	♥
☐	♥
☐	♥
☐	♥

Notes:

Most Inspiring Quote:

Name of Allah to Reflect On:

RAMADAN 11, 1441
(SUNDAY, MAY 3, 2020)

TASKS:	GOALS:
☐	★
☐	★
☐	★
☐	★
☐	★
☐	★
☐	
☐	**I'M GRATEFUL FOR:**
☐	♥
☐	♥
☐	♥
☐	♥

Notes:

Most Inspiring Quote:

Name of Allah to Reflect On:

**RAMADAN 12, 1441
(MONDAY, MAY 4, 2020)**

TASKS:	GOALS:
☐	★
☐	★
☐	★
☐	★
☐	★
☐	★
☐	
☐	**I'M GRATEFUL FOR:**
☐	♥
☐	♥
☐	♥
☐	♥

Notes:

Most Inspiring Quote:

Name of Allah to Reflect On:

**RAMADAN 13, 1441
(TUESDAY, MAY 5, 2020)**

TASKS:	GOALS:
☐ _____	★ _____
☐ _____	★ _____
☐ _____	★ _____
☐ _____	★ _____
☐ _____	★ _____
☐ _____	★ _____
☐ _____	
☐ _____	I'M GRATEFUL FOR:
☐ _____	♥ _____
☐ _____	♥ _____
☐ _____	♥ _____
☐ _____	♥ _____

Notes:

Most Inspiring Quote:

Name of Allah to Reflect On:

**RAMADAN 14, 1441
(WEDNESDAY, MAY 6, 2020)**

TASKS:	GOALS:
☐	★
☐	★
☐	★
☐	★
☐	★
☐	★
☐	
☐	**I'M GRATEFUL FOR:**
☐	♥
☐	♥
☐	♥
☐	♥

Notes:

Most Inspiring Quote:

Name of Allah to Reflect On:

**RAMADAN 15, 1441
(THURSDAY, MAY 7, 2020)**

TASKS:
- [ ]
- [ ]
- [ ]
- [ ]
- [ ]
- [ ]
- [ ]
- [ ]
- [ ]
- [ ]
- [ ]
- [ ]

GOALS:
★
★
★
★
★

I'M GRATEFUL FOR:
♥
♥
♥
♥

Notes:

Most Inspiring Quote:

Name of Allah to Reflect On:

**RAMADAN 16, 1441
(FRIDAY, MAY 8, 2020)**

TASKS:
- ☐ _____
- ☐ _____
- ☐ _____
- ☐ _____
- ☐ _____
- ☐ _____
- ☐ _____
- ☐ _____
- ☐ _____
- ☐ _____
- ☐ _____
- ☐ _____

GOALS:
- ★ _____
- ★ _____
- ★ _____
- ★ _____
- ★ _____
- ★ _____

I'M GRATEFUL FOR:
- ♥ _____
- ♥ _____
- ♥ _____
- ♥ _____

Notes:

Most Inspiring Quote:

Name of Allah to Reflect On:

**RAMADAN 17, 1441
(SATURDAY, MAY 9, 2020)**

TASKS:	GOALS:
☐	★
☐	★
☐	★
☐	★
☐	★
☐	★
☐	
☐	**I'M GRATEFUL FOR:**
☐	♥
☐	♥
☐	♥
☐	♥

Notes:

Most Inspiring Quote:

Name of Allah to Reflect On:

**RAMADAN 18, 1441
(SUNDAY, MAY 10, 2020)**

TASKS:
- [ ]
- [ ]
- [ ]
- [ ]
- [ ]
- [ ]
- [ ]
- [ ]
- [ ]
- [ ]
- [ ]
- [ ]

GOALS:
★
★
★
★
★
★

I'M GRATEFUL FOR:
♥
♥
♥
♥

Notes:

Most Inspiring Quote:

Name of Allah to Reflect On:

RAMADAN 19, 1441
(MONDAY, MAY 11, 2020)

TASKS:
- ☐ _____
- ☐ _____
- ☐ _____
- ☐ _____
- ☐ _____
- ☐ _____
- ☐ _____
- ☐ _____
- ☐ _____
- ☐ _____
- ☐ _____

GOALS:
- ★ _____
- ★ _____
- ★ _____
- ★ _____
- ★ _____
- ★ _____

I'M GRATEFUL FOR:
- ♥ _____
- ♥ _____
- ♥ _____
- ♥ _____

Notes:

Most Inspiring Quote:

Name of Allah to Reflect On:

**RAMADAN 20, 1441
(TUESDAY, MAY 12, 2020)**

TASKS:
- [ ]
- [ ]
- [ ]
- [ ]
- [ ]
- [ ]
- [ ]
- [ ]
- [ ]
- [ ]
- [ ]
- [ ]

GOALS:
- ★
- ★
- ★
- ★
- ★
- ★

I'M GRATEFUL FOR:
- ♥
- ♥
- ♥
- ♥

Notes:

Most Inspiring Quote:

Name of Allah to Reflect On:

RAMADAN 21, 1441
(WEDNESDAY, MAY 13, 2020)

TASKS:	GOALS:
☐ _____	★ _____
☐ _____	★ _____
☐ _____	★ _____
☐ _____	★ _____
☐ _____	★ _____
☐ _____	★ _____
☐ _____	
☐ _____	**I'M GRATEFUL FOR:**
☐ _____	♥ _____
☐ _____	♥ _____
☐ _____	♥ _____
☐ _____	♥ _____

Notes:

Most Inspiring Quote:

Name of Allah to Reflect On:

RAMADAN 22, 1441
(THURSDAY, MAY 14, 2020)

TASKS:
- [ ]
- [ ]
- [ ]
- [ ]
- [ ]
- [ ]
- [ ]
- [ ]
- [ ]
- [ ]
- [ ]
- [ ]

GOALS:
- ★
- ★
- ★
- ★
- ★
- ★

I'M GRATEFUL FOR:
- ♥
- ♥
- ♥
- ♥

Notes:

Most Inspiring Quote:

Name of Allah to Reflect On:

**RAMADAN 23, 1441
(FRIDAY, MAY 15, 2020)**

TASKS:		GOALS:
☐		★
☐		★
☐		★
☐		★
☐		★
☐		★
☐		
☐		**I'M GRATEFUL FOR:**
☐		♥
☐		♥
☐		♥
☐		♥

Notes:

Most Inspiring Quote:

Name of Allah to Reflect On:

**RAMADAN 24, 1441
(SATURDAY, MAY 16, 2020)**

TASKS:
- [ ]
- [ ]
- [ ]
- [ ]
- [ ]
- [ ]
- [ ]
- [ ]
- [ ]
- [ ]
- [ ]
- [ ]

GOALS:
★
★
★
★
★
★

I'M GRATEFUL FOR:
♥
♥
♥
♥

Notes:

Most Inspiring Quote:

Name of Allah to Reflect On:

**RAMADAN 25, 1441
(SUNDAY, MAY 17, 2020)**

TASKS:
- ☐ _____
- ☐ _____
- ☐ _____
- ☐ _____
- ☐ _____
- ☐ _____
- ☐ _____
- ☐ _____
- ☐ _____
- ☐ _____
- ☐ _____
- ☐ _____

GOALS:
- ★ _____
- ★ _____
- ★ _____
- ★ _____
- ★ _____
- ★ _____

I'M GRATEFUL FOR:
- ♥ _____
- ♥ _____
- ♥ _____
- ♥ _____

Notes:

Most Inspiring Quote:

Name of Allah to Reflect On:

**RAMADAN 26, 1441
(MONDAY, MAY 18, 2020)**

TASKS:	GOALS:
☐	★
☐	★
☐	★
☐	★
☐	★
☐	★
☐	
☐	**I'M GRATEFUL FOR:**
☐	♥
☐	♥
☐	♥
☐	♥

Notes:

Most Inspiring Quote:

Name of Allah to Reflect On:

**RAMADAN 27, 1441
(TUESDAY, MAY 19, 2020)**

TASKS:	GOALS:
☐	★
☐	★
☐	★
☐	★
☐	★
☐	★
☐	
☐	**I'M GRATEFUL FOR:**
☐	♥
☐	♥
☐	♥
☐	♥

Event: Laylat-ul-Qadr

Notes:

Most Inspiring Quote:

Name of Allah to Reflect On:

**RAMADAN 28, 1441
(WEDNESDAY, MAY 20, 2020)**

TASKS:	GOALS:
☐	★
☐	★
☐	★
☐	★
☐	★
☐	★
☐	
☐	**I'M GRATEFUL FOR:**
☐	♥
☐	♥
☐	♥
☐	♥

Notes:

Most Inspiring Quote:

Name of Allah to Reflect On:

**RAMADAN 29, 1441
(THURSDAY, MAY 21, 2020)**

TASKS:
- ☐ _____
- ☐ _____
- ☐ _____
- ☐ _____
- ☐ _____
- ☐ _____
- ☐ _____
- ☐ _____
- ☐ _____
- ☐ _____
- ☐ _____
- ☐ _____

GOALS:
- ★ _____
- ★ _____
- ★ _____
- ★ _____
- ★ _____
- ★ _____

I'M GRATEFUL FOR:
- ♥ _____
- ♥ _____
- ♥ _____
- ♥ _____

Notes:

Most Inspiring Quote:

Name of Allah to Reflect On:

**RAMADAN 30, 1441
(FRIDAY, MAY 22, 2020)**

TASKS:

GOALS:

I'M GRATEFUL FOR:

Notes:

Most Inspiring Quote:

O Allah, bring this month of Shawwal upon us with security, iman, safety, Islam, your pleasure and protection from shaytan.

Name of Allah to Reflect On:

**SHAWWAL 1, 1441
(SATURDAY, MAY 23, 2020)**

TASKS:
- [ ]
- [ ]
- [ ]
- [ ]
- [ ]
- [ ]
- [ ]
- [ ]
- [ ]
- [ ]
- [ ]
- [ ]

GOALS:
★
★
★
★
★

I'M GRATEFUL FOR:
♥
♥
♥
♥

Event: Eid al-Fitr

Notes:

"The soul knows. When someone gives you pause, it's either because the soul knows what you don't see about that person; whether it be greatness or great evil. The soul simply knows." — Papatia Feauxzar

Name of Allah to Reflect On:

**SHAWWAL 2, 1441
(SUNDAY, MAY 24, 2020)**

TASKS:	GOALS:
☐	★
☐	★
☐	★
☐	★
☐	★
☐	★
☐	
☐	**I'M GRATEFUL FOR:**
☐	♥
☐	♥
☐	♥
☐	♥

Event: Eid al-Fitr

Notes:

Most Inspiring Quote:

Name of Allah to Reflect On:

**SHAWWAL 3, 1441
(MONDAY, MAY 25, 2020)**

TASKS:	GOALS:
☐	★
☐	★
☐	★
☐	★
☐	★
☐	★
☐	
☐	I'M GRATEFUL FOR:
☐	♥
☐	♥
☐	♥
☐	♥

Event: Eid al-Fitr

Notes:

Most Inspiring Quote:

Name of Allah to Reflect On:

**SHAWWAL 4, 1441
(TUESDAY, MAY 26, 2020)**

TASKS:
- ☐
- ☐
- ☐
- ☐
- ☐
- ☐
- ☐
- ☐
- ☐
- ☐
- ☐
- ☐

GOALS:
- ★
- ★
- ★
- ★
- ★
- ★

I'M GRATEFUL FOR:
- ♥
- ♥
- ♥
- ♥

Notes:

Most Inspiring Quote:

Name of Allah to Reflect On:

**SHAWWAL 5, 1441
(WEDNESDAY, MAY 27, 2020)**

TASKS:	GOALS:
☐ _____	★ _____
☐ _____	★ _____
☐ _____	★ _____
☐ _____	★ _____
☐ _____	★ _____
☐ _____	★ _____
☐ _____	
☐ _____	**I'M GRATEFUL FOR:**
☐ _____	♥ _____
☐ _____	♥ _____
☐ _____	♥ _____
☐ _____	♥ _____

Notes:

Most Inspiring Quote:

Name of Allah to Reflect On:

SHAWWAL 6, 1441
(THURSDAY, MAY 28, 2020)

TASKS:	GOALS:
☐	★
☐	★
☐	★
☐	★
☐	★
☐	★
☐	
☐	**I'M GRATEFUL FOR:**
☐	♥
☐	♥
☐	♥
☐	♥

Notes:

Most Inspiring Quote:

Name of Allah to Reflect On:

SHAWWAL 7, 1441
(FRIDAY, MAY 29, 2020)

TASKS:	GOALS:
☐	★
☐	★
☐	★
☐	★
☐	★
☐	★
☐	
☐	**I'M GRATEFUL FOR:**
☐	♥
☐	♥
☐	♥
☐	♥

Notes:

Most Inspiring Quote:

Name of Allah to Reflect On:

SHAWWAL 8, 1441
(SATURDAY, MAY 30, 2020)

TASKS:	GOALS:
☐	★
☐	★
☐	★
☐	★
☐	★
☐	★
☐	
☐	**I'M GRATEFUL FOR:**
☐	♥
☐	♥
☐	♥
☐	♥

Notes:

Most Inspiring Quote:

Name of Allah to Reflect On:

**SHAWWAL 9, 1441
(SUNDAY, MAY 31, 2020)**

TASKS:	GOALS:
☐	★
☐	★
☐	★
☐	★
☐	★
☐	★
☐	
☐	**I'M GRATEFUL FOR:**
☐	♥
☐	♥
☐	♥
☐	♥

Notes:

Most Inspiring Quote:

Name of Allah to Reflect On:

**SHAWWAL 10, 1441
(MONDAY, JUNE 1, 2020)**

TASKS:	GOALS:
☐	★
☐	★
☐	★
☐	★
☐	★
☐	★
☐	
☐	**I'M GRATEFUL FOR:**
☐	♥
☐	♥
☐	♥
☐	♥

Notes:

Most Inspiring Quote:

Name of Allah to Reflect On:

**SHAWWAL 11, 1441
(TUESDAY, JUNE 2, 2020)**

TASKS:	GOALS:
☐	★
☐	★
☐	★
☐	★
☐	★
☐	★
☐	
☐	I'M GRATEFUL FOR:
☐	♥
☐	♥
☐	♥
☐	♥

Notes:

Most Inspiring Quote:

Name of Allah to Reflect On:

**SHAWWAL 12, 1441
(WEDNESDAY, JUNE 3, 2020)**

TASKS:	GOALS:
☐	★
☐	★
☐	★
☐	★
☐	★
☐	★
☐	
☐	**I'M GRATEFUL FOR:**
☐	♥
☐	♥
☐	♥
☐	♥

Notes:

Most Inspiring Quote:

Name of Allah to Reflect On:

**SHAWWAL 13, 1441
(THURSDAY, JUNE 4, 2020)**

TASKS:	GOALS:
☐	★
☐	★
☐	★
☐	★
☐	★
☐	★
☐	
☐	**I'M GRATEFUL FOR:**
☐	♥
☐	♥
☐	♥
☐	♥

Notes:

Most Inspiring Quote:

Name of Allah to Reflect On:

**SHAWWAL 14, 1441
(FRIDAY, JUNE 5, 2020)**

TASKS:	GOALS:
☐	★
☐	★
☐	★
☐	★
☐	★
☐	★
☐	
☐	**I'M GRATEFUL FOR:**
☐	♥
☐	♥
☐	♥
☐	♥

Notes:

Most Inspiring Quote:

Name of Allah to Reflect On:

**SHAWWAL 15, 1441
(SATURDAY, JUNE 6, 2020)**

TASKS:	GOALS:
☐	★
☐	★
☐	★
☐	★
☐	★
☐	★
☐	
☐	**I'M GRATEFUL FOR:**
☐	♥
☐	♥
☐	♥
☐	♥

Notes:

Most Inspiring Quote:

Name of Allah to Reflect On:

SHAWWAL 16, 1441
(SUNDAY, JUNE 7, 2020)

TASKS:	GOALS:
☐ _____	★ _____
☐ _____	★ _____
☐ _____	★ _____
☐ _____	★ _____
☐ _____	★ _____
☐ _____	★ _____
☐ _____	
☐ _____	**I'M GRATEFUL FOR:**
☐ _____	♥ _____
☐ _____	♥ _____
☐ _____	♥ _____
☐ _____	♥ _____

Notes:

Most Inspiring Quote:

Name of Allah to Reflect On:

SHAWWAL 17, 1441
(MONDAY, JUNE 8, 2020)

TASKS:
- ☐ _____
- ☐ _____
- ☐ _____
- ☐ _____
- ☐ _____
- ☐ _____
- ☐ _____
- ☐ _____
- ☐ _____
- ☐ _____
- ☐ _____

GOALS:
- ★ _____
- ★ _____
- ★ _____
- ★ _____
- ★ _____

I'M GRATEFUL FOR:
- ♥ _____
- ♥ _____
- ♥ _____
- ♥ _____

Notes:

Most Inspiring Quote:

Name of Allah to Reflect On:

SHAWWAL 18, 1441
(TUESDAY, JUNE 9, 2020)

TASKS:
- ☐
- ☐
- ☐
- ☐
- ☐
- ☐
- ☐
- ☐
- ☐
- ☐
- ☐
- ☐

GOALS:
- ★
- ★
- ★
- ★
- ★

I'M GRATEFUL FOR:
- ♥
- ♥
- ♥
- ♥

Notes:

Most Inspiring Quote:

Name of Allah to Reflect On:

**SHAWWAL 19, 1441
(WEDNESDAY, JUNE 10, 2020)**

TASKS:
- ☐ _____
- ☐ _____
- ☐ _____
- ☐ _____
- ☐ _____
- ☐ _____
- ☐ _____
- ☐ _____
- ☐ _____
- ☐ _____
- ☐ _____

GOALS:
- ★ _____
- ★ _____
- ★ _____
- ★ _____
- ★ _____
- ★ _____

I'M GRATEFUL FOR:
- ♥ _____
- ♥ _____
- ♥ _____
- ♥ _____

Notes:

Most Inspiring Quote:

Name of Allah to Reflect On:

SHAWWAL 20, 1441
(THURSDAY, JUNE 11, 2020)

TASKS:
- ☐ _____
- ☐ _____
- ☐ _____
- ☐ _____
- ☐ _____
- ☐ _____
- ☐ _____
- ☐ _____
- ☐ _____
- ☐ _____
- ☐ _____
- ☐ _____

GOALS:
- ★ _____
- ★ _____
- ★ _____
- ★ _____
- ★ _____

I'M GRATEFUL FOR:
- ♥ _____
- ♥ _____
- ♥ _____
- ♥ _____

Notes:

Most Inspiring Quote:

Name of Allah to Reflect On:

SHAWWAL 21, 1441
(FRIDAY, JUNE 12, 2020)

TASKS:
- [ ] _____
- [ ] _____
- [ ] _____
- [ ] _____
- [ ] _____
- [ ] _____
- [ ] _____
- [ ] _____
- [ ] _____
- [ ] _____
- [ ] _____
- [ ] _____

GOALS:
★ _____
★ _____
★ _____
★ _____
★ _____
★ _____

I'M GRATEFUL FOR:
♥ _____
♥ _____
♥ _____
♥ _____

Notes:

Most Inspiring Quote:

Name of Allah to Reflect On:

**SHAWWAL 22, 1441
(SATURDAY, JUNE 13, 2020)**

TASKS:	GOALS:
☐	★
☐	★
☐	★
☐	★
☐	★
☐	★
☐	
☐	**I'M GRATEFUL FOR:**
☐	♥
☐	♥
☐	♥
☐	♥

Notes:

Most Inspiring Quote:

Name of Allah to Reflect On:

**SHAWWAL 23, 1441
(SUNDAY, JUNE 14, 2020)**

TASKS:	GOALS:
☐	★
☐	★
☐	★
☐	★
☐	★
☐	★
☐	
☐	**I'M GRATEFUL FOR:**
☐	♥
☐	♥
☐	♥
☐	♥

Notes:

Most Inspiring Quote:

Name of Allah to Reflect On:

**SHAWWAL 24, 1441
(MONDAY, JUNE 15, 2020)**

TASKS:	GOALS:
☐	★
☐	★
☐	★
☐	★
☐	★
☐	★
☐	
☐	**I'M GRATEFUL FOR:**
☐	♥
☐	♥
☐	♥
☐	♥

Notes:

Most Inspiring Quote:

Name of Allah to Reflect On:

**SHAWWAL 25, 1441
(TUESDAY, JUNE 16, 2020)**

TASKS:
- [ ]
- [ ]
- [ ]
- [ ]
- [ ]
- [ ]
- [ ]
- [ ]
- [ ]
- [ ]
- [ ]
- [ ]

GOALS:
- ★
- ★
- ★
- ★
- ★
- ★

I'M GRATEFUL FOR:
- ♥
- ♥
- ♥
- ♥

Notes:

Most Inspiring Quote:

Name of Allah to Reflect On:

**SHAWWAL 26, 1441
(WEDNESDAY, JUNE 17, 2020)**

TASKS:
- ☐ _____
- ☐ _____
- ☐ _____
- ☐ _____
- ☐ _____
- ☐ _____
- ☐ _____
- ☐ _____
- ☐ _____
- ☐ _____
- ☐ _____
- ☐ _____

GOALS:
- ★ _____
- ★ _____
- ★ _____
- ★ _____
- ★ _____
- ★ _____

I'M GRATEFUL FOR:
- ♥ _____
- ♥ _____
- ♥ _____
- ♥ _____

Notes:

Most Inspiring Quote:

Name of Allah to Reflect On:

**SHAWWAL 27, 1441
(THURSDAY, JUNE 18, 2020)**

TASKS:
- ☐ _____
- ☐ _____
- ☐ _____
- ☐ _____
- ☐ _____
- ☐ _____
- ☐ _____
- ☐ _____
- ☐ _____
- ☐ _____
- ☐ _____
- ☐ _____

GOALS:
- ★ _____
- ★ _____
- ★ _____
- ★ _____
- ★ _____
- ★ _____

I'M GRATEFUL FOR:
- ♥ _____
- ♥ _____
- ♥ _____
- ♥ _____

Notes:

Most Inspiring Quote:

Name of Allah to Reflect On:

SHAWWAL 28, 1441
(FRIDAY, JUNE 19, 2020)

TASKS:	GOALS:
☐ _____	★ _____
☐ _____	★ _____
☐ _____	★ _____
☐ _____	★ _____
☐ _____	★ _____
☐ _____	★ _____
☐ _____	
☐ _____	**I'M GRATEFUL FOR:**
☐ _____	♥ _____
☐ _____	♥ _____
☐ _____	♥ _____
☐ _____	♥ _____

Notes:

Most Inspiring Quote:

Name of Allah to Reflect On:

SHAWWAL 29, 1441
(SATURDAY, JUNE 20, 2020)

TASKS:
- ☐ _____
- ☐ _____
- ☐ _____
- ☐ _____
- ☐ _____
- ☐ _____
- ☐ _____
- ☐ _____
- ☐ _____
- ☐ _____
- ☐ _____
- ☐ _____

GOALS:
- ★ _____
- ★ _____
- ★ _____
- ★ _____
- ★ _____
- ★ _____

I'M GRATEFUL FOR:
- ♥ _____
- ♥ _____
- ♥ _____
- ♥ _____

Notes:

Most Inspiring Quote:

O Allah, bring this month of Dhul-Qadah upon us with security, iman, safety, Islam, your pleasure and protection from shaytan.

Name of Allah to Reflect On:

**DHUL-QADAH 1, 1441
(SUNDAY, JUNE 21, 2020)**

TASKS:
- [ ]
- [ ]
- [ ]
- [ ]
- [ ]
- [ ]
- [ ]
- [ ]
- [ ]
- [ ]
- [ ]
- [ ]

GOALS:
- ★
- ★
- ★
- ★
- ★
- ★

I'M GRATEFUL FOR:
- ♥
- ♥
- ♥
- ♥

Notes:

"Sometimes, pass the smell of good smelling coffee. Your sanity and self-care highly depend on it." — Fofky

Name of Allah to Reflect On:

DHUL-QADAH 2, 1441
(MONDAY, JUNE 22, 2020)

TASKS:
- ☐ _____
- ☐ _____
- ☐ _____
- ☐ _____
- ☐ _____
- ☐ _____
- ☐ _____
- ☐ _____
- ☐ _____
- ☐ _____
- ☐ _____
- ☐ _____

GOALS:
★ _____
★ _____
★ _____
★ _____
★ _____
★ _____

I'M GRATEFUL FOR:
♥ _____
♥ _____
♥ _____
♥ _____

Notes:

Most Inspiring Quote:

Name of Allah to Reflect On:

DHUL-QADAH 3, 1441
(TUESDAY, JUNE 23, 2020)

TASKS:
- ☐ _____
- ☐ _____
- ☐ _____
- ☐ _____
- ☐ _____
- ☐ _____
- ☐ _____
- ☐ _____
- ☐ _____
- ☐ _____
- ☐ _____
- ☐ _____

GOALS:
- ★ _____
- ★ _____
- ★ _____
- ★ _____
- ★ _____
- ★ _____

I'M GRATEFUL FOR:
- ♥ _____
- ♥ _____
- ♥ _____
- ♥ _____

Notes:

Most Inspiring Quote:

Name of Allah to Reflect On:

**DHUL-QADAH 4, 1441
(WEDNESDAY, JUNE 24, 2020)**

TASKS:	GOALS:
☐	★
☐	★
☐	★
☐	★
☐	★
☐	★
☐	
☐	**I'M GRATEFUL FOR:**
☐	♥
☐	♥
☐	♥
☐	♥

Notes:

Most Inspiring Quote:

Name of Allah to Reflect On:

**DHUL-QADAH 5, 1441
(THURSDAY, JUNE 25, 2020)**

TASKS:	GOALS:
☐	★
☐	★
☐	★
☐	★
☐	★
☐	★
☐	
☐	**I'M GRATEFUL FOR:**
☐	♥
☐	♥
☐	♥
☐	♥

Notes:

Most Inspiring Quote:

Name of Allah to Reflect On:

**DHUL-QADAH 6, 1441
(FRIDAY, JUNE 26, 2020)**

TASKS:	GOALS:
☐	★
☐	★
☐	★
☐	★
☐	★
☐	★
☐	
☐	**I'M GRATEFUL FOR:**
☐	♥
☐	♥
☐	♥
☐	♥

Notes:

Most Inspiring Quote:

Name of Allah to Reflect On:

**DHUL-QADAH 7, 1441
(SATURDAY, JUNE 27, 2020)**

TASKS:
- ☐ _____
- ☐ _____
- ☐ _____
- ☐ _____
- ☐ _____
- ☐ _____
- ☐ _____
- ☐ _____
- ☐ _____
- ☐ _____
- ☐ _____
- ☐ _____

GOALS:
- ★ _____
- ★ _____
- ★ _____
- ★ _____
- ★ _____
- ★ _____

I'M GRATEFUL FOR:
- ♥ _____
- ♥ _____
- ♥ _____
- ♥ _____

Notes:

Most Inspiring Quote:

Name of Allah to Reflect On:

DHUL-QADAH 8, 1441
(SUNDAY, JUNE 28, 2020)

TASKS:	GOALS:
☐ _____	★ _____
☐ _____	★ _____
☐ _____	★ _____
☐ _____	★ _____
☐ _____	★ _____
☐ _____	★ _____
☐ _____	
☐ _____	**I'M GRATEFUL FOR:**
☐ _____	♥ _____
☐ _____	♥ _____
☐ _____	♥ _____
☐ _____	♥ _____

Notes:

Most Inspiring Quote:

Name of Allah to Reflect On:

**DHUL-QADAH 9, 1441
(MONDAY, JUNE 29, 2020)**

TASKS:	GOALS:
☐	★
☐	★
☐	★
☐	★
☐	★
☐	★
☐	
☐	**I'M GRATEFUL FOR:**
☐	♥
☐	♥
☐	♥
☐	♥

Notes:

Most Inspiring Quote:

Name of Allah to Reflect On:

**DHUL-QADAH 10, 1441
(TUESDAY, JUNE 30, 2020)**

TASKS:	GOALS:
☐	★
☐	★
☐	★
☐	★
☐	★
☐	★
☐	
☐	**I'M GRATEFUL FOR:**
☐	♥
☐	♥
☐	♥
☐	♥

Notes:

Most Inspiring Quote:

Name of Allah to Reflect On:

**DHUL-QADAH 11, 1441
(WEDNESDAY, JULY 1, 2020)**

TASKS:	GOALS:
☐	★
☐	★
☐	★
☐	★
☐	★
☐	★
☐	
☐	**I'M GRATEFUL FOR:**
☐	♥
☐	♥
☐	♥
☐	♥

Notes:

Most Inspiring Quote:

Name of Allah to Reflect On:

DHUL-QADAH 12, 1441
(THURSDAY, JULY 2, 2020)

TASKS:	GOALS:
☐ _____	★ _____
☐ _____	★ _____
☐ _____	★ _____
☐ _____	★ _____
☐ _____	★ _____
☐ _____	★ _____
☐ _____	
☐ _____	**I'M GRATEFUL FOR:**
☐ _____	♥ _____
☐ _____	♥ _____
☐ _____	♥ _____
☐ _____	♥ _____

Notes:

Most Inspiring Quote:

Name of Allah to Reflect On:

DHUL-QADAH 13, 1441
(FRIDAY, JULY 3, 2020)

TASKS:	GOALS:
☐	★
☐	★
☐	★
☐	★
☐	★
☐	★
☐	
☐	**I'M GRATEFUL FOR:**
☐	♥
☐	♥
☐	♥
☐	♥

Notes:

Most Inspiring Quote:

Name of Allah to Reflect On:

DHUL-QADAH 14, 1441
(SATURDAY, JULY 4, 2020)

TASKS:	GOALS:
☐	★
☐	★
☐	★
☐	★
☐	★
☐	★
☐	
☐	**I'M GRATEFUL FOR:**
☐	♥
☐	♥
☐	♥
☐	♥

Notes:

Most Inspiring Quote:

Name of Allah to Reflect On:

**DHUL-QADAH 15, 1441
(SUNDAY, JULY 5, 2020)**

TASKS:	GOALS:
☐	★
☐	★
☐	★
☐	★
☐	★
☐	★
☐	
☐	**I'M GRATEFUL FOR:**
☐	♥
☐	♥
☐	♥
☐	♥

Notes:

Most Inspiring Quote:

Name of Allah to Reflect On:

**DHUL-QADAH 16, 1441
(MONDAY, JULY 6, 2020)**

TASKS:
- [ ]
- [ ]
- [ ]
- [ ]
- [ ]
- [ ]
- [ ]
- [ ]
- [ ]
- [ ]
- [ ]
- [ ]

GOALS:
★
★
★
★
★
★

I'M GRATEFUL FOR:
♥
♥
♥
♥

Notes:

Most Inspiring Quote:

Name of Allah to Reflect On:

**DHUL-QADAH 17, 1441
(TUESDAY, JULY 7, 2020)**

TASKS:	GOALS:
☐	★
☐	★
☐	★
☐	★
☐	★
☐	★
☐	
☐	**I'M GRATEFUL FOR:**
☐	♥
☐	♥
☐	♥
☐	♥

Notes:

Most Inspiring Quote:

Name of Allah to Reflect On:

**DHUL-QADAH 18, 1441
(WEDNESDAY, JULY 8, 2020)**

TASKS:
- ☐ _____
- ☐ _____
- ☐ _____
- ☐ _____
- ☐ _____
- ☐ _____
- ☐ _____
- ☐ _____
- ☐ _____
- ☐ _____
- ☐ _____
- ☐ _____

GOALS:
★ _____
★ _____
★ _____
★ _____
★ _____
★ _____

I'M GRATEFUL FOR:
♥ _____
♥ _____
♥ _____
♥ _____

Notes:

Most Inspiring Quote:

Name of Allah to Reflect On:

**DHUL-QADAH 19, 1441
(THURSDAY, JULY 9, 2020)**

TASKS:	GOALS:
☐ _____	★ _____
☐ _____	★ _____
☐ _____	★ _____
☐ _____	★ _____
☐ _____	★ _____
☐ _____	★ _____
☐ _____	
☐ _____	**I'M GRATEFUL FOR:**
☐ _____	♥ _____
☐ _____	♥ _____
☐ _____	♥ _____
☐ _____	♥ _____

Notes:

Most Inspiring Quote:

Name of Allah to Reflect On:

**DHUL-QADAH 20, 1441
(FRIDAY, JULY 10, 2020)**

TASKS:
- ☐ _____
- ☐ _____
- ☐ _____
- ☐ _____
- ☐ _____
- ☐ _____
- ☐ _____
- ☐ _____
- ☐ _____
- ☐ _____
- ☐ _____
- ☐ _____

GOALS:
- ★ _____
- ★ _____
- ★ _____
- ★ _____
- ★ _____
- ★ _____

I'M GRATEFUL FOR:
- ♥ _____
- ♥ _____
- ♥ _____
- ♥ _____

Notes:

Most Inspiring Quote:

Name of Allah to Reflect On:

**DHUL-QADAH 21, 1441
(SATURDAY, JULY 11, 2020)**

TASKS:
- [ ]
- [ ]
- [ ]
- [ ]
- [ ]
- [ ]
- [ ]
- [ ]
- [ ]
- [ ]
- [ ]
- [ ]

GOALS:
★
★
★
★
★
★

I'M GRATEFUL FOR:
♥
♥
♥
♥

Notes:

Most Inspiring Quote:

Name of Allah to Reflect On:

**DHUL-QADAH 22, 1441
(SUNDAY, JULY 12, 2020)**

TASKS:	GOALS:
☐	★
☐	★
☐	★
☐	★
☐	★
☐	★
☐	
☐	**I'M GRATEFUL FOR:**
☐	♥
☐	♥
☐	♥
☐	♥

Notes:

Most Inspiring Quote:

Name of Allah to Reflect On:

**DHUL-QADAH 23, 1441
(MONDAY, JULY 13, 2020)**

TASKS:
- ☐
- ☐
- ☐
- ☐
- ☐
- ☐
- ☐
- ☐
- ☐
- ☐
- ☐
- ☐

GOALS:
- ★
- ★
- ★
- ★
- ★
- ★

I'M GRATEFUL FOR:
- ♥
- ♥
- ♥
- ♥

Notes:

Most Inspiring Quote:

Name of Allah to Reflect On:

**DHUL-QADAH 24, 1441
(TUESDAY, JULY 14, 2020)**

TASKS:
- ☐ _____
- ☐ _____
- ☐ _____
- ☐ _____
- ☐ _____
- ☐ _____
- ☐ _____
- ☐ _____
- ☐ _____
- ☐ _____
- ☐ _____
- ☐ _____

GOALS:
- ★ _____
- ★ _____
- ★ _____
- ★ _____
- ★ _____
- ★ _____

I'M GRATEFUL FOR:
- ♥ _____
- ♥ _____
- ♥ _____
- ♥ _____

Notes:

Most Inspiring Quote:

Name of Allah to Reflect On:

**DHUL-QADAH 25, 1441
(WEDNESDAY, JULY 15, 2020)**

TASKS:
- ☐
- ☐
- ☐
- ☐
- ☐
- ☐
- ☐
- ☐
- ☐
- ☐
- ☐
- ☐

GOALS:
- ★
- ★
- ★
- ★
- ★
- ★

I'M GRATEFUL FOR:
- ♥
- ♥
- ♥
- ♥

Notes:

Most Inspiring Quote:

Name of Allah to Reflect On:

**DHUL-QADAH 26, 1441
(THURSDAY, JULY 16, 2020)**

TASKS:	GOALS:
☐	★
☐	★
☐	★
☐	★
☐	★
☐	★
☐	
☐	**I'M GRATEFUL FOR:**
☐	♥
☐	♥
☐	♥
☐	♥

Notes:

Most Inspiring Quote:

Name of Allah to Reflect On:

**DHUL-QADAH 27, 1441
(FRIDAY, JULY 17, 2020)**

TASKS:
-
-
-
-
-
-
-
-
-
-
-
-

GOALS:
★
★
★
★
★
★

I'M GRATEFUL FOR:
♥
♥
♥
♥

Notes:

Most Inspiring Quote:

Name of Allah to Reflect On:

**DHUL-QADAH 28, 1441
(SATURDAY, JULY 18, 2020)**

TASKS:	GOALS:
☐	★
☐	★
☐	★
☐	★
☐	★
☐	★
☐	
☐	**I'M GRATEFUL FOR:**
☐	♥
☐	♥
☐	♥
☐	♥

:es: No

Most Inspiring Quote:

Name of Allah to Reflect On:

**DHUL-QADAH 29, 1441
(SUNDAY, JULY 19, 2020)**

TASKS:	GOALS:
☐	★
☐	★
☐	★
☐	★
☐	★
☐	★
☐	
☐	**I'M GRATEFUL FOR:**
☐	♥
☐	♥
☐	♥
☐	♥

Notes:

Most Inspiring Quote:

Name of Allah to Reflect On:

**DHUL-QADAH 30, 1441
(MONDAY, JULY 20, 2020)**

TASKS:
- ☐ _____
- ☐ _____
- ☐ _____
- ☐ _____
- ☐ _____
- ☐ _____
- ☐ _____
- ☐ _____
- ☐ _____
- ☐ _____
- ☐ _____
- ☐ _____

GOALS:
- ★ _____
- ★ _____
- ★ _____
- ★ _____
- ★ _____
- ★ _____

I'M GRATEFUL FOR:
- ♥ _____
- ♥ _____
- ♥ _____
- ♥ _____

Notes:

Most Inspiring Quote:

O Allah, bring this month of Dhul-Hijjah upon us with security, iman, safety, Islam, your pleasure and protection from shaytan.

Name of Allah to Reflect On:

DHUL-HIJJAH 1, 1441
(TUESDAY, JULY 21, 2020)

TASKS:	GOALS:
☐	★
☐	★
☐	★
☐	★
☐	★
☐	★
☐	
☐	**I'M GRATEFUL FOR:**
☐	♥
☐	♥
☐	♥
☐	♥

Notes:

"Don't let people mistake your smiling face for dumbness or abuse your kindness. Set them straight the minute they step on your toes." — Papatia Feauxzar

Name of Allah to Reflect On:

DHUL-HIJJAH 2, 1441
(WEDNESDAY, JULY 22, 2020)

TASKS:
- [ ]
- [ ]
- [ ]
- [ ]
- [ ]
- [ ]
- [ ]
- [ ]
- [ ]
- [ ]
- [ ]
- [ ]

GOALS:
★
★
★
★
★
★

I'M GRATEFUL FOR:
♥
♥
♥
♥

Notes:

Most Inspiring Quote:

Name of Allah to Reflect On:

**DHUL-HIJJAH 3, 1441
(THURSDAY, JULY 23, 2020)**

TASKS:
- [ ]
- [ ]
- [ ]
- [ ]
- [ ]
- [ ]
- [ ]
- [ ]
- [ ]
- [ ]
- [ ]
- [ ]

GOALS:
★
★
★
★
★
★

I'M GRATEFUL FOR:
♥
♥
♥
♥

Notes:

Most Inspiring Quote:

Name of Allah to Reflect On:

**DHUL-HIJJAH 4, 1441
(FRIDAY, JULY 24, 2020)**

TASKS:	GOALS:
☐	★
☐	★
☐	★
☐	★
☐	★
☐	★
☐	
☐	**I'M GRATEFUL FOR:**
☐	♥
☐	♥
☐	♥
☐	♥

Notes:

Most Inspiring Quote:

Name of Allah to Reflect On:

**DHUL-HIJJAH 5, 1441
(SATURDAY, JULY 25, 2020)**

TASKS:	GOALS:
☐	★
☐	★
☐	★
☐	★
☐	★
☐	★
☐	
☐	**I'M GRATEFUL FOR:**
☐	♥
☐	♥
☐	♥
☐	♥

Notes:

Most Inspiring Quote:

Name of Allah to Reflect On:

DHUL-HIJJAH 6, 1441
(SUNDAY, JULY 26, 2020)

TASKS:
- ☐ _____
- ☐ _____
- ☐ _____
- ☐ _____
- ☐ _____
- ☐ _____
- ☐ _____
- ☐ _____
- ☐ _____
- ☐ _____
- ☐ _____
- ☐ _____

GOALS:
- ★ _____
- ★ _____
- ★ _____
- ★ _____
- ★ _____
- ★ _____

I'M GRATEFUL FOR:
- ♥ _____
- ♥ _____
- ♥ _____
- ♥ _____

Notes:

Most Inspiring Quote:

Name of Allah to Reflect On:

**DHUL-HIJJAH 7, 1441
(MONDAY, JULY 27, 2020)**

TASKS:	GOALS:
☐	★
☐	★
☐	★
☐	★
☐	★
☐	★
☐	
☐	**I'M GRATEFUL FOR:**
☐	♥
☐	♥
☐	♥
☐	♥

Notes:

Most Inspiring Quote:

Name of Allah to Reflect On:

DHUL-HIJJAH 8, 1441
(TUESDAY, JULY 28, 2020)

TASKS:
- [ ]
- [ ]
- [ ]
- [ ]
- [ ]
- [ ]
- [ ]
- [ ]
- [ ]
- [ ]
- [ ]
- [ ]

GOALS:
★
★
★
★
★
★

I'M GRATEFUL FOR:
♥
♥
♥
♥

Event: Hajj Begins

Notes:

Most Inspiring Quote:

Name of Allah to Reflect On:

DHUL-HIJJAH 9, 1441
(WEDNESDAY, JULY 29, 2020)

TASKS:	GOALS:
☐	★
☐	★
☐	★
☐	★
☐	★
☐	★
☐	
☐	**I'M GRATEFUL FOR:**
☐	♥
☐	♥
☐	♥
☐	♥

Notes:

Most Inspiring Quote:

Name of Allah to Reflect On:

DHUL-HIJJAH 10, 1441
(THURSDAY, JULY 30, 2020)

TASKS:	GOALS:
☐	★
☐	★
☐	★
☐	★
☐	★
☐	★
☐	
☐	**I'M GRATEFUL FOR:**
☐	♥
☐	♥
☐	♥
☐	♥

Event: Arafat

Notes:

Most Inspiring Quote:

Name of Allah to Reflect On:

DHUL-HIJJAH 11, 1441
(FRIDAY, JULY 31, 2020)

TASKS:	GOALS:
☐	★
☐	★
☐	★
☐	★
☐	★
☐	★
☐	
☐	I'M GRATEFUL FOR:
☐	♥
☐	♥
☐	♥
☐	♥

Event: Eid al-Adha

Notes:

Most Inspiring Quote:

Name of Allah to Reflect On:

**DHUL-HIJJAH 12, 1441
(SATURDAY, AUGUST 1, 2020)**

TASKS:
- ☐
- ☐
- ☐
- ☐
- ☐
- ☐
- ☐
- ☐
- ☐
- ☐
- ☐
- ☐

GOALS:
- ★
- ★
- ★
- ★
- ★
- ★

I'M GRATEFUL FOR:
- ♥
- ♥
- ♥
- ♥

Event: Hajj Ends

Notes:

Most Inspiring Quote:

Name of Allah to Reflect On:

**DHUL-HIJJAH 13, 1441
(SUNDAY, AUGUST 2, 2020)**

TASKS:	GOALS:
☐ _____	★ _____
☐ _____	★ _____
☐ _____	★ _____
☐ _____	★ _____
☐ _____	★ _____
☐ _____	★ _____
☐ _____	
☐ _____	**I'M GRATEFUL FOR:**
☐ _____	♥ _____
☐ _____	♥ _____
☐ _____	♥ _____
☐ _____	♥ _____

Notes:

Most Inspiring Quote:

Name of Allah to Reflect On:

**DHUL-HIJJAH 14, 1441
(MONDAY, AUGUST 3, 2020)**

TASKS:	GOALS:
☐	★
☐	★
☐	★
☐	★
☐	★
☐	★
☐	
☐	**I'M GRATEFUL FOR:**
☐	♥
☐	♥
☐	♥
☐	♥

Notes:

Most Inspiring Quote:

Name of Allah to Reflect On:

**DHUL-HIJJAH 15, 1441
(TUESDAY, AUGUST 4, 2020)**

TASKS:	GOALS:
☐	★
☐	★
☐	★
☐	★
☐	★
☐	★
☐	
☐	**I'M GRATEFUL FOR:**
☐	♥
☐	♥
☐	♥
☐	♥

Notes:

Most Inspiring Quote:

Name of Allah to Reflect On:

**DHUL-HIJJAH 16, 1441
(WEDNESDAY, AUGUST 5, 2020)**

TASKS:	GOALS:
☐	★
☐	★
☐	★
☐	★
☐	★
☐	★
☐	
☐	**I'M GRATEFUL FOR:**
☐	♥
☐	♥
☐	♥
☐	♥

Notes:

Most Inspiring Quote:

Name of Allah to Reflect On:

**DHUL-HIJJAH 17, 1441
(THURSDAY, AUGUST 6, 2020)**

TASKS:	GOALS:
☐	★
☐	★
☐	★
☐	★
☐	★
☐	★
☐	
☐	**I'M GRATEFUL FOR:**
☐	♥
☐	♥
☐	♥
☐	♥

Notes:

Most Inspiring Quote:

Name of Allah to Reflect On:

**DHUL-HIJJAH 18, 1441
(FRIDAY, AUGUST 7, 2020)**

TASKS:	GOALS:
☐	★
☐	★
☐	★
☐	★
☐	★
☐	★
☐	
☐	**I'M GRATEFUL FOR:**
☐	♥
☐	♥
☐	♥
☐	♥

Notes:

Most Inspiring Quote:

Name of Allah to Reflect On:

**DHUL-HIJJAH 19, 1441
(SATURDAY, AUGUST 8, 2020)**

TASKS:	GOALS:
☐	★
☐	★
☐	★
☐	★
☐	★
☐	★
☐	
☐	**I'M GRATEFUL FOR:**
☐	♥
☐	♥
☐	♥
☐	♥

Notes:

Most Inspiring Quote:

Name of Allah to Reflect On:

**DHUL-HIJJAH 20, 1441
(SUNDAY, AUGUST 9, 2020)**

TASKS:
- ☐ _____
- ☐ _____
- ☐ _____
- ☐ _____
- ☐ _____
- ☐ _____
- ☐ _____
- ☐ _____
- ☐ _____
- ☐ _____
- ☐ _____

GOALS:
- ★ _____
- ★ _____
- ★ _____
- ★ _____
- ★ _____
- ★ _____

I'M GRATEFUL FOR:
- ♥ _____
- ♥ _____
- ♥ _____
- ♥ _____

Notes:

Most Inspiring Quote:

Name of Allah to Reflect On:

**DHUL-HIJJAH 21, 1441
(MONDAY, AUGUST 10, 2020)**

TASKS:	GOALS:
☐	★
☐	★
☐	★
☐	★
☐	★
☐	★
☐	
☐	**I'M GRATEFUL FOR:**
☐	♥
☐	♥
☐	♥
☐	♥

Notes:

Most Inspiring Quote:

Name of Allah to Reflect On:

DHUL-HIJJAH 22, 1441
(TUESDAY, AUGUST 11, 2020)

TASKS:	GOALS:
☐	★
☐	★
☐	★
☐	★
☐	★
☐	★
☐	
☐	**I'M GRATEFUL FOR:**
☐	♥
☐	♥
☐	♥
☐	♥

Notes:

Most Inspiring Quote:

Name of Allah to Reflect On:

**DHUL-HIJJAH 23, 1441
(WEDNESDAY, AUGUST 12, 2020)**

TASKS:	GOALS:
☐	★
☐	★
☐	★
☐	★
☐	★
☐	★
☐	
☐	**I'M GRATEFUL FOR:**
☐	♥
☐	♥
☐	♥
☐	♥

Notes:

Most Inspiring Quote:

Name of Allah to Reflect On:

**DHUL-HIJJAH 24, 1441
(THURSDAY, AUGUST 13, 2020)**

TASKS:	GOALS:
☐	★
☐	★
☐	★
☐	★
☐	★
☐	★
☐	
☐	**I'M GRATEFUL FOR:**
☐	♥
☐	♥
☐	♥
☐	♥

Notes:

Most Inspiring Quote:

Name of Allah to Reflect On:

DHUL-HIJJAH 25, 1441
(FRIDAY, AUGUST 14, 2020)

TASKS:
- [ ]
- [ ]
- [ ]
- [ ]
- [ ]
- [ ]
- [ ]
- [ ]
- [ ]
- [ ]
- [ ]
- [ ]

GOALS:
★
★
★
★
★
★

I'M GRATEFUL FOR:
♥
♥
♥
♥

Notes:

Most Inspiring Quote:

Name of Allah to Reflect On:

**DHUL-HIJJAH 26, 1441
(SATURDAY, AUGUST 15, 2020)**

TASKS:	GOALS:
☐ _____	★ _____
☐ _____	★ _____
☐ _____	★ _____
☐ _____	★ _____
☐ _____	★ _____
☐ _____	★ _____
☐ _____	
☐ _____	**I'M GRATEFUL FOR:**
☐ _____	♥ _____
☐ _____	♥ _____
☐ _____	♥ _____
☐ _____	♥ _____

Notes:

Most Inspiring Quote:

Name of Allah to Reflect On:

DHUL-HIJJAH 27, 1441
(SUNDAY, AUGUST 16, 2020)

TASKS:	GOALS:
☐	★
☐	★
☐	★
☐	★
☐	★
☐	★
☐	
☐	**I'M GRATEFUL FOR:**
☐	♥
☐	♥
☐	♥
☐	♥

Notes:

Most Inspiring Quote:

Name of Allah to Reflect On:

**DHUL-HIJJAH 28, 1441
(MONDAY, AUGUST 17, 2020)**

TASKS:	GOALS:
☐	★
☐	★
☐	★
☐	★
☐	★
☐	★
☐	
☐	**I'M GRATEFUL FOR:**
☐	♥
☐	♥
☐	♥
☐	♥

Notes:

Most Inspiring Quote:

Name of Allah to Reflect On:

DHUL-HIJJAH 29, 1441
(TUESDAY, AUGUST 18, 2020)

TASKS:	GOALS:
☐	★
☐	★
☐	★
☐	★
☐	★
☐	★
☐	
☐	**I'M GRATEFUL FOR:**
☐	♥
☐	♥
☐	♥
☐	♥

Notes:

"A year has already gone by and to me, it's still unbelievable yet." — Sue Roy

www.ingramcontent.com/pod-product-compliance
Lightning Source LLC
Chambersburg PA
CBHW071259110426
42743CB00042B/1110